# 李端棻研究资料汇编

主编：张周全

编委：（排名不分先后）

范光留　王貌貌　蔡瑞丰　周　鹏

李瑞晨　张　蓉　陈丽婷　姚　娜

中央民族大学出版社
China Minzu University Press

**图书在版编目（CIP）数据**

李端棻研究资料汇编 / 张周全主编 . —北京：中央民族大学出版社，2021.11（2023. 2 重印）

ISBN 978-7-5660-1981-3

Ⅰ. ①李⋯ Ⅱ. ①张⋯ Ⅲ. ①李端棻（1833-1907）—人物研究 Ⅳ. ①K827=52

中国版本图书馆 CIP 数据核字（2021）第 221918 号

**李端棻研究资料汇编**

主　　编　张周全

责任编辑　舒　松　罗丹阳

责任校对　杜星宇

封面设计　舒刚卫

出版发行　中央民族大学出版社

北京市海淀区中关村南大街 27 号　　邮编：100081

电话：（010）68472815（发行部）　　传真：（010）68933757（发行部）

（010）68932218（总编室）　　（010）68932447（办公室）

经 销 者　全国各地新华书店

印 刷 厂　北京鑫宇图源印刷科技有限公司

开　　本　787×1092　1/16　　印张：11.5

字　　数　149 千字

版　　次　2021 年 11 月第 1 版　2023 年 2 月第 2 次印刷

书　　号　ISBN 978-7-5660-1981-3

定　　价　48.00 元

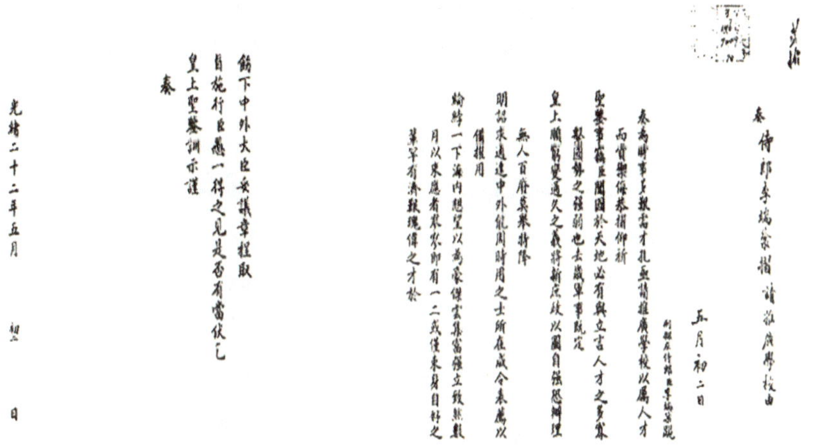
奏 侍郎李端棻摺 請推廣學校由
五月初二日
刑部左侍郎臣李端棻跪
奏為時事多艱需才孔亟請推廣學校以厲人才
而資禦侮恭摺仰祈
聖鑒事竊臣聞國於天地必有與立言人才之多寡
繫國勢之强弱也去歲軍事既定
皇上順窮變通久之義將新庶政以圖自强恐辦理
無人百廢莫舉特降
明詔求通達中外能周時用之士所在咸令表薦以
備擢用
綸綍一下海內想望以爲豪傑雲集富强立致然數
月以來應者寥寥即有一二或僅束身自好之
輩罕有濟難瓌偉之才於

飭下中外大臣妥議章程取
自施行臣愚一得之見是否有當伏乞
皇上聖鑒訓示謹
奏
光緒二十二年五月 初二 日

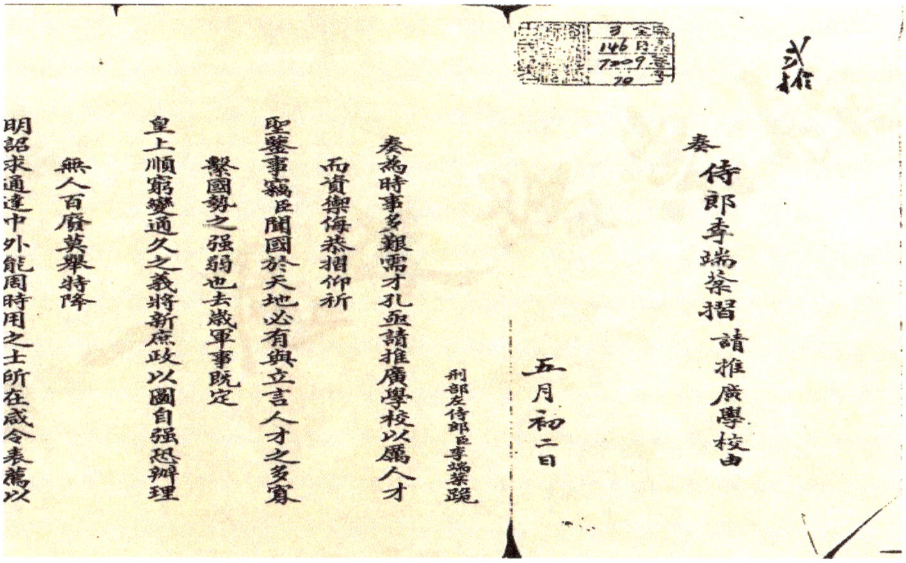
奏 侍郎李端棻摺 請推廣學校由
五月初二日
刑部左侍郎臣李端棻跪
奏為時事多艱需才孔亟請推廣學校以厲人才
而資禦侮恭摺仰祈
聖鑒事竊臣聞國於天地必有與立言人才之多寡
繫國勢之强弱也去歲軍事既定
皇上順窮變通久之義將新庶政以圖自强恐辦理
無人百廢莫舉特降
明詔求通達中外能周時用之士所在咸令表薦以

《请推广学校折》

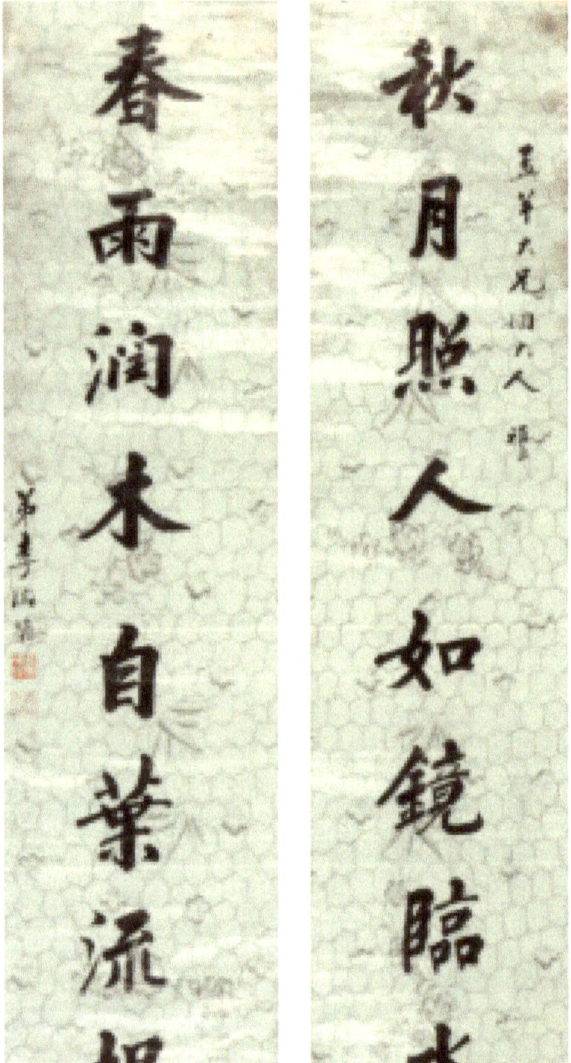


李端棻墨宝

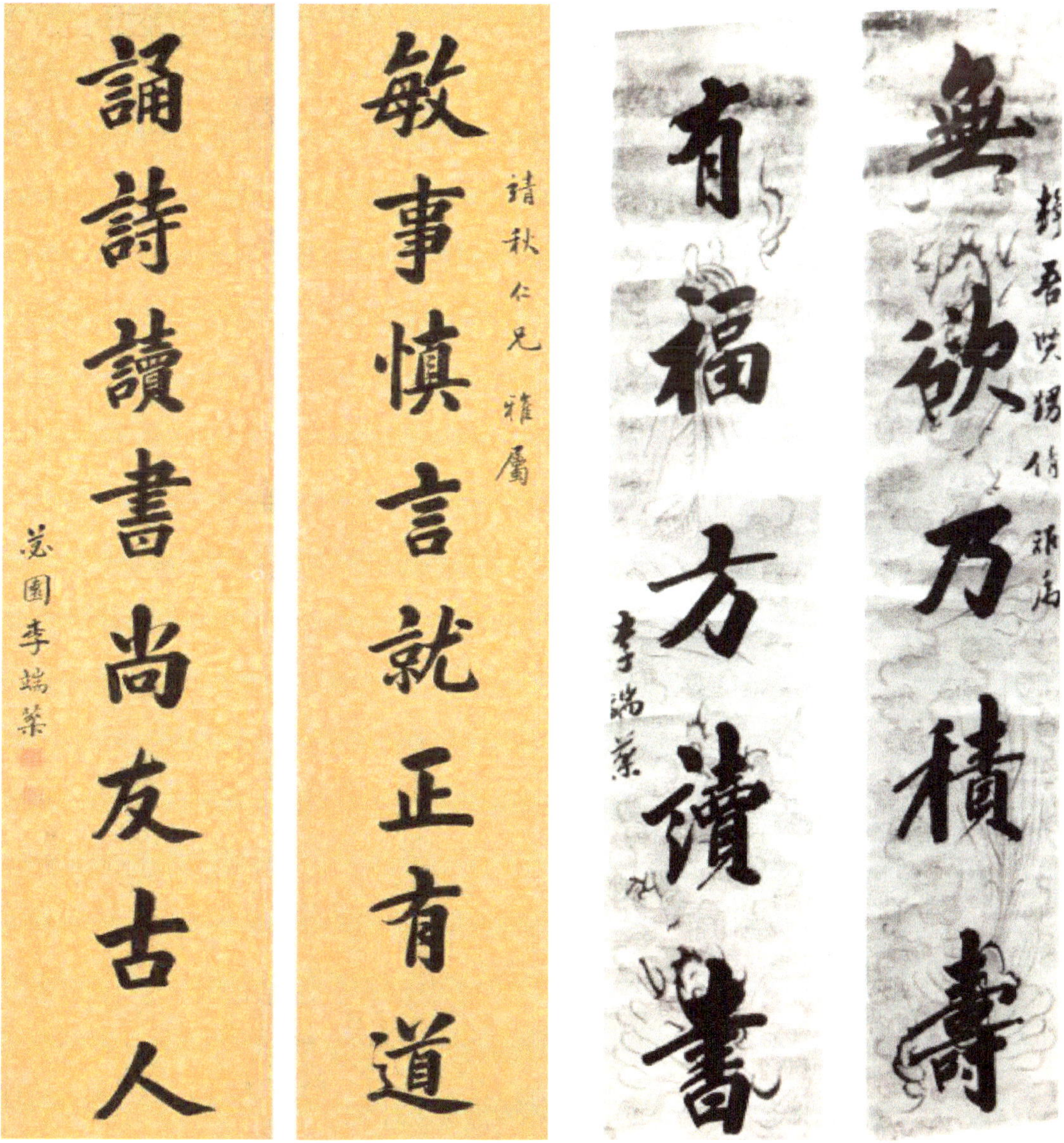

李端棻墨宝

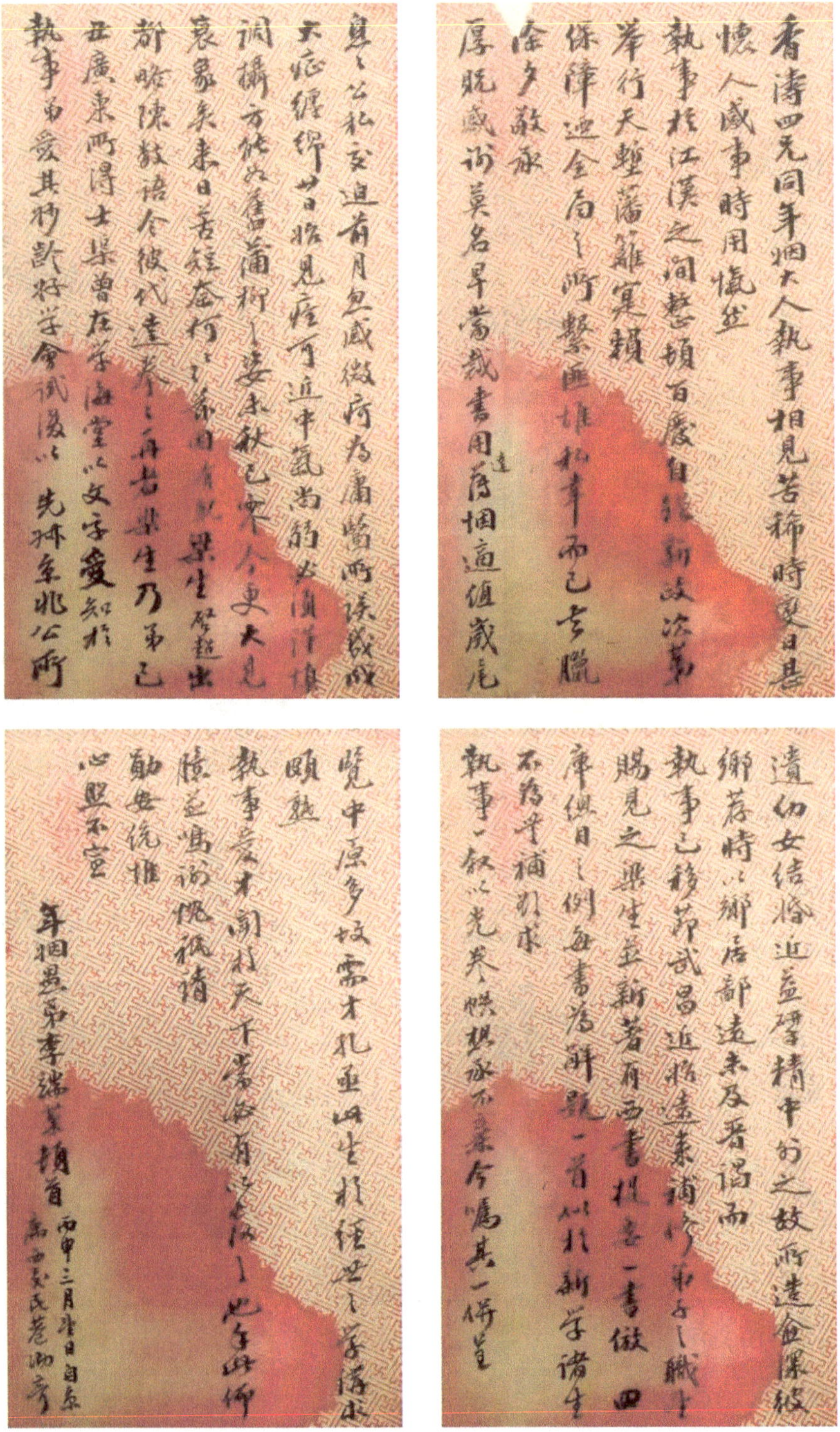

香涛四兄同年姻大人执事相见苦稀时变日甚
怀人感事时用慨然
执事于江汉之间整顿百废自强新政次第
举行天堑藩篱实赖
保障迩金陵之所系匪唯私幸而已去腊
除夕敬承
厚贶感谢莫名早当裁书用达修因适值岁尾

息息公私交迫前月忽感微疴为庸医所误几成
大症缠绵廿日始见痊可近中气尚弱如涸辙
涸辙方鲋如旧蒲柳之姿未秋已零今更大见
衰象矣来日苦短奈何奈何舍甥梁生启超出
新睬陈敦语令彼代达眷眷之意再者梁生乃弟己
丑广东所得士梁曾在学海堂以文字受知于
执事弟爱其好学会试后以先叔京兆公所

遗幼女结婚近益学精中西之故所遗会深彼
乡荐时以乡居部远未及晋谒而
执事已移节武昌近将远来请修弟子之职幸
赐见之梁生并新著有西书提要一书做四
库提目之例每书为解题一首以为新学诸生
不谙者请于求
执事一叙以光其帙想承不弃令嘱其一并呈

览中原多故需才孔亟此生于经世之学深求
颇熟
执事爱才闻于天下当必有以教之也弟与此仰
恳道鉴谢谢祇请
勋安统惟
心照不宣

年姻愚弟李端棻顿首 丙申三月望日自京师西城寓

李端棻写给张之洞的信

贵阳一中校园李端棻塑像

贵阳学院李端棻研究院

李端棻墓（位于贵阳市南明区永乐乡水塘村）

李端棻故居（位于贵阳市云岩区勇烈路）

贵阳南明区李端棻中学校门（位于贵州双龙航空港经济区）

贵阳南明区李端棻中学行政楼（位于贵州双龙航空港经济区）

贵阳南明区李端棻中学综合楼（位于贵州双龙航空港经济区）

贵阳南明区李端棻中学教学楼（位于贵州双龙航空港经济区）

# 序

李端棻先生是晚清著名政治家、改革家，近代教育改革先驱，北京大学首倡者，贵阳一中创始人。李端棻中学是为了弘扬端棻先生教育思想创办的一所纪念性中学。作为一所纪念性中学，我们时刻不忘三个问题：纪念谁，纪念什么，怎么纪念？这三个问题既是今天端棻人不断追问和思考的问题，更是今天端棻人必须要做并要长期坚持做好的事情。

汇编一本研究李端棻先生的资料是学校2018年建校以来的梦想。为深入学习研究先生的教育思想，助推学校办学，我们申报了市级课题《李端棻教育思想研究与课程实践》，先后派人赴国家档案馆、北京大学档案室、贵州省文史馆、贵州师范大学图书馆、贵阳学院图书馆等地查阅相关文献；收集与先生同一时期生活为官的仁人志士对先生的评述；走访致力于研究端棻先生的专家学者。经过近三年努力，《李端棻研究资料汇编》书稿终于成形并即将付梓。

《李端棻研究资料汇编》一书分为李端棻先生著述和他人慧评两个板块。先生的著述主要包括：奏议疏折、普通学说、苾园诗存、书信对联等内容。其中影响最为深远的要数《请推广学校折》和《普通学说》了，因为这两份著述充分反映了先生的办学主张和教育理念。端棻先生认为，当时中国人才匮乏的原因，是“非天之不降才也，教之之道未尽也”。端棻先生提出，“读书应分两途：一救时，一穷理。救时者，学成即以致用也；穷理者，毕生优游于一学之中，穷其已发见者，探其未发见者，以增进人类之智识者也”。也就是说，教育的目的包括两个方面，一是救时，学以致用以济时需，一是穷理，对新知识的探求与创造。为推广学校，端棻先生提出“一经五纬”的办学思想，直到今天都具有深远的影响。“他人慧评”板块主要收集了有关先生的传记评述、悼启墓志、往来书信和与之相关人物及其著述中对先生的记述等。这些资料对学习研究弘扬端棻先生的思想有较强的指导意义。

受端棻先生所处时代以及他本人“戊戌变法”后人生经历的影响，有关他的学习研究资料很少。网络上所流传的一些资料错漏突出，我们虽然竭力收集，但也存在诸多遗憾，还未能穷尽有关先生的资料。期盼这本资料汇编与大家见面后，能够得到更多致力于研究先生的志士仁人们指正，我们将汲取大家的智慧和资源，进一步补充完善，在学校发展历程中加以纪念传承，告慰先生在天之灵！

书稿在出版过程中，中央民族大学出版社还给我们提出了友好建议，建议我们再充实一些研究心得、学习感悟等文章，后经编委会商议，这本关于先生的资料汇编，我们就围绕先生的著述和他人慧评两个板块进行。虽然我们在课题研究中也有很多心得和感悟，但恐画蛇添足，遂暂弃不用，俟时机成熟再单独汇编，恳请方家预为指导。

本书最终得以汇编成形，系赖“李端棻教育思想研究与课程实践”课题主持人张周全校长组织带领课题成员系统研究的结果。在汇编过程中张校长精心审核、全面把关。范光留、王貌貌、蔡瑞丰和张蓉主要负责文字校对和文本审核。周鹏、李瑞晨、陈丽婷和姚娜主要负责资料收集和图片采集等工作。在资料收集和汇编过程中我们还得到北京大学档案室、贵州省文史馆、贵州师范大学图书馆、贵阳学院李端棻研究院的大力支持，在此一并表示感谢！

我们现将此书稿呈现给大家，希望致力于研究端棻先生的人和我们端棻中学大家庭的每个成员都能够对端棻先生的事迹、思想和理念多一些了解、思考和传承，并从先生的思想和智慧中汲取精神食粮，启发我们，指导我们在教育路上更好践行先生“救时穷理，格物致知”的主张。

李端棻研究资料编委会

二〇二一年九月一日

# 目 录

# 李端棻著述

## 一、奏议疏折

### 奏为谨遵懿旨妥议建储事
### （光绪五年四月初十日）

陕西道监察御史臣李端棻跪奏，为谨遵懿旨妥议，另折恭陈事。闰三月十七日，钦奉两宫皇太后懿旨，吏部主事吴可读遗有密折等因。钦此。

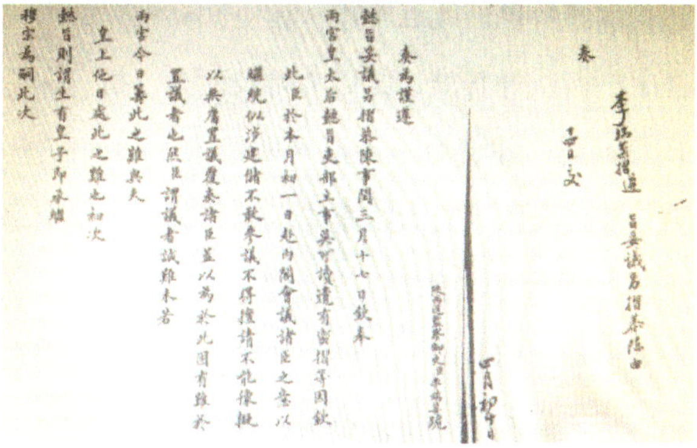

注：原文拍摄于国家档案馆

臣于本月初一日赴内阁会议，诸臣之意，以继统似涉建储，不敢参议，不得擅请，不能豫拟，以无庸置议覆奏。诸臣盖以为于此固有难于置议者也，然臣谓议者诚难，未若两宫今日筹此之难，与夫皇上他日处此之难也。初次懿旨，则谓生有皇子即承继穆宗为嗣。此次懿旨则谓吴可读请豫定大统之归，前降旨时即是此意。

夫继嗣，非建储也，然合两次懿旨而绎之，则有类乎建储矣。建储非祖训也。此一难也。议者力避建储之迹，于是立一说，曰懿旨既有，即是此意之文矣，然则两宫确有大统归于嗣子之意矣。若即以将来继统者为继嗣，自可两全，但如此则承嗣之皇子不能指定，又恐两宫为穆宗立嗣之心未能早慰也。此二难也。议者则又立一说，曰欲定承继又非建储，惟有俟皇子众多，以后由皇上择定一人，秘禀慈闱，宫禁外朝，仍不宣播，以符不建储之旧制。然而神器所归，最宜慎重。若定之亟则无以协择贤之义，定之缓又无以惬两宫之心。此三难也。且即使承嗣承统合而为一，为先帝谋者尽善矣。我皇上大宝躬膺，亦必无别择宗子之理。若不筹计及此，则两宫惓念穆宗之心与垂爱皇上之心，尚未能交慰也。此四难也。此时两宫若不再申一命，群臣若不更赞一词，专待亲政之年自行裁度。皇子甫生而即宣承嗣之旨，廷臣必争之曰：此违建储祖训也。皇子既生而不闻承继之旨，廷臣必又争之曰：此违初次懿旨也。此五难也。诸臣知其难，故惟以斟酌尽善，昭示无私望之于皇上；微臣处其难，则以为筹及两全，折衷一是，惟在乎两宫。伏愿皇太后详思远虑，并责令王大臣再四筹维，如何而圣意可必行，如何而祖训可不背，如何而穆宗之大统垂于久远，如何而皇上之孝友利于推行？必于此时先求一会通无碍之策，以待圣裁。

臣知圣虑渊深，不惟有两全之道，并可诒百世之谋矣。愚昧之见是否有当？伏乞皇太后、皇上圣鉴。谨奏。

# 奏为侍讲王先谦莠言乱政显违祖训恳请立予斥革治罪事
## （光绪五年六月二十一日）

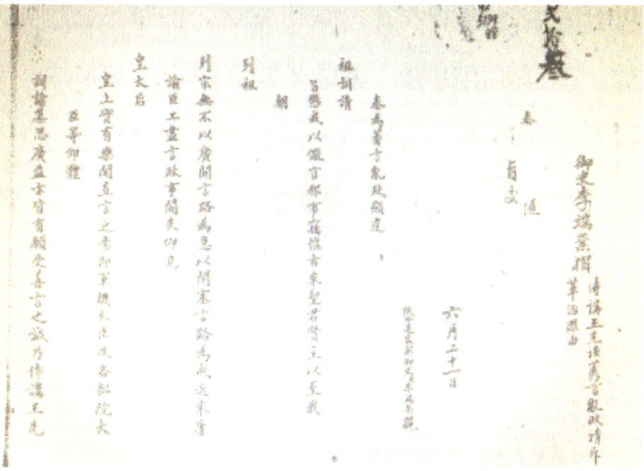

注：原文拍摄于国家档案馆

窃惟古来圣君贤主，以至我朝列祖列宗，无不以广开言路为急，以闭塞言路为戒。近来屡谕臣工尽言政事阙失，仰见皇太后、皇上实有乐闻直言之意，即军机大臣及各部院大臣等，仰体训谕，集思广益，亦皆有愿受善言之诚。乃侍讲王先谦所奏，忽谓言路不可太杂，宜防流弊，谬以朋比党援为辞。此折一上，众论哗然。方今朝廷清明，大小臣工奉公守法，安有朋党。窃思进言在下而听言在上，可行者采之，不可行者置之，上有圣裁，何虑其杂。伏读此次谕旨云，实事求是，曷胜钦服。臣下进言，但论其是与不是，实与不实耳，岂有凭空逆億，加以党援攻讦之名者哉。恭绎世宗宪皇帝御制朋党论，所褒者面折廷争也，所斥者默无献替也，所深恶者蒙蔽人君之耳目也。然则进直言者自非朋党，阻直言者乃真朋党也。该侍讲藉朋党之名以箝制言路之口，是以世宗御论所是者为非，以世宗御论所非者为是。藉祖训以舞文，肆诋諆以惑众。是非淆乱，莫甚于此。国朝二百余年来，每遇条陈弹劾，有先后交章论奏者矣，有同日具奏者矣，有联衔具奏者矣，事所常有，例所不禁，从无此人既言即不许他人再言之理。如该侍讲之说，以后条奏事件，意见相同者则可诬为党援，意见不同及参劾者则可诬为攻讦，总之欲使言官不能启口而已。虽谕旨仍令剀切敷陈，而言者恐触法网，跋前疐后，其孰能尽言乎？且近日已奉谕旨训饬，言事诸臣本无流弊，该侍讲乃敢别造谬说，阻塞言路，意存蒙蔽，其居心实不可问，此风亦断不可长。诚恐相率效尤，举朝缄默，畏罪不言，则从此群臣之贤否，天下之利弊，朝廷无由得知。蒙蔽圣聪，隐患不可胜言。可否仰恳乾纲独断，将该侍讲立予斥革，治以故违祖训之罪，以为妄逞谗说者戒。臣职居言路，遇有阻塞言路者，理当纠劾。是否有当，伏乞皇太后、皇上圣鉴。谨奏。

# 请亟定战守方略疏

## （光绪十年1884年）

李端棻　治麟　潘衍桐

署国子监祭酒臣李端棻、国子监司业臣治麟、国子监司业臣潘衍桐跪奏，为敌氛孔棘，宜亟定战守方略，遵旨敬陈管见事。

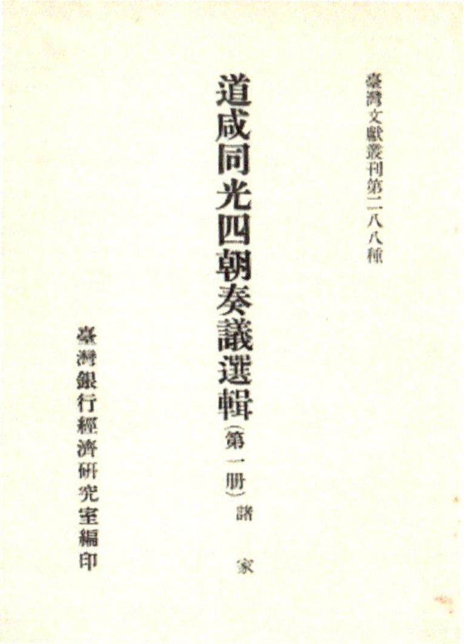


窃惟法人狡计，蓄之已久，前与李鸿章议定五款之时，臣等早料其终必背约，已于四月初十日，联名具陈矣。今果藉端寻衅，需索巨款，迭经总署照会美国调停，反复开导，彼置弗恤，径驶兵船，夺我鸡笼口岸，贪悖无道，罪不容诛。我朝廷所以长虑却顾，不肯遽出于战者，实欲保全和局耳。今则两军业已交绥，显开战衅，我纵曲意迁就，彼必极力要求，今日占口岸，明日夺炮台，一让再让，何所底止，应请明降谕旨，布告中外，声罪致讨，俾天下咸知圣意所在，庶将帅无所瞻顾，军士皆切同仇。否则一面言战，一面恋和，勇者寒心，懦者藉口。臣睹其害，未见其利，谨就会奏疏中所已及者而申其说，复就所未及者而发其端，约有四焉。

一曰密边防。南洋所重，首在闽台。查福建海道，由省城至连浦三十里，至罗星塔七十里。连浦以内，前经督臣吴棠以石船沈塞海道，三板浅舶，仅可通行；连浦以外，水势渐宽，轮船可渡，然每月亦只上下弦两夕，水满沙平，始能往来无碍。诚天险也。今法船已进罗星塔口，计惟略仿故法，于连浦以下，仍用石船沈塞，拓至二十里为度，使敌船不能通，炮不能及，我以陆兵踞隘伺击，藉攻为守，此防闽之一策也。台湾鹿耳门内外，鲲身日高，六七月间，风浪尤恶，敌船断难泊近。台北最为吃重，全台精华，实萃于此，为敌所垂涎久矣。刘铭传智勇为诸将冠，独惜渡台太迟，带兵太少，仅恃章营两队，殊形单弱。计惟激本地之人心，藉本地之财力，选择绅富，倡立台团，土人狎于波涛，乐于战斗，与官兵联为一气，必能师出有功，不日援军继至，尤资得力。但电线未及渡台，惟恃万年清一船，互通消息，必须添设轮船，络绎侦探，庶军情不至隔阂，此防台之一策也。北洋如天津、烟台，皆有重兵镇守，惟旅顺口及滦乐、北塘一带，地皆濒海，敌若乘虚而入，实为京畿门户之忧。该处炮台，虽有李长乐、宋庆等驻扎，而兵稀地广，在在堪虞，仍宜选将增兵，择隘扼守，划分地段，以专责成。如敌人来犯，必须固守半月，以待援军，能力守者，爵以首功；不及期者，律以军法；庶庚申北塘之变不至复见于今日。此防直东之一策也。

一曰分敌势。法船之来亚洲者，总计不过三十余艘，大者如巴夏尔，可容六百人，小者仅百数十人。谅山败后，大半驶赴中国洋面，藉为恫喝。留守越南者，惟迷禄一军耳。迷禄庸暴，久失士心。尼柏礼偏裨之才，不足以当大敌。南交暑热，尤为欧人所不堪，宜迅令滇桂各军出关攻剿北宁山西，以次进取，直规顺化，令彼有狼顾之虞，不得专力于中土。但必须联络刘团，始易得手。盖刘永福素为法人所惮，其部下皆骁桀之徒，且与水土相习，不畏炎瘴，倘能恢复，裂地而封之，不犹愈于予敌乎。刘军得所藉手，如黄佐炎辈必当荷戈卷旆，如水知归，一面仍用何雄辉招纳客民之计，伺间而动，法人北顾河内，南顾西贡，面面皆敌，处处须防，釜底抽薪之计，莫逾于此。

一曰清内匪。沿海各省，拟请钦派大臣督办团练，与官军互为声援，以济兵力之不及。内则编保甲以防伏莽，外则严关卡以杜勾通。外患一开，土匪窃发，乘其羽翼未成，豫为翦灭，所以弭后患于无形也。惟民团民练，首在得人，尤须有谙习军事声威素著之武职大员，协力同心，方足以广号召而资镇慑。以臣所闻，如粤之见署水师提督方耀，闽之前任浙江温州镇总兵吴鸿源，一籍潮州，一籍厦门，皆以军功起家，身经百战，平日居乡，义声豪举，最惬众心，悍卒莠民，闻名詟服。可否特旨命方耀筹办广东惠、潮一带团练事宜，命吴鸿源筹办福建漳、泉一带团练事宜，或为文职大臣帮办，或归该省督抚节制，必能严缉匪徒，练成劲旅。近以为省城之策应，远以为台岛之声援，他如浙江直东沿海各省，举贤任能，一律兴办，于大局实有裨益。

一曰全外交。通商口岸，为各国洋人聚处。与法失和后，必有匪徒蜂起，辄假义愤之名，以为攘夺之计，不问何国，概目为敌，从而焚毁掳掠致启葛藤，多树仇敌，不可不虑。如去年广东沙基一案，其前鉴也。亟宜预告各国，战局既成，暂停贸易。其各国商人住房，皆具门牌，用汉字大书某国字样，俾免鱼池之祸。凡商船货物，悉令移徙自行保护，否则一有损失，我国决不认赔。即各国设有兵船，自行护卫，亦宜先与约定，不得接济法国，以符公法。至各省教民，当严稽察，若查有勾通形迹，即以中国之法，治我中国之民。我既与法失和，不得任彼袒庇。其入英籍服英教者，应照会该国公使，通谕各口领事，转饬各教堂之教师，严加约束。如有勾通接济等情，惟该教师是问，仍由中国地方官移咨惩办，但恐法教冒充英教，应如何区别之处，由地方大吏，商之该国公使，必得其确实证据，以凭辨识而免混淆，庶于严密之中，仍寓保全之意。

以上四条，恭候采择。战事一开，军情百变，以后凡有见闻，必当广集众思，折衷求是，以效万一之献，谨缮折缕陈，伏乞圣鉴。

——《道咸同光四朝奏议选辑》（第三册）

# 会议和局敬陈管见疏

## （光绪十年1884年）

李端棻　治麟　潘衍桐

署国子监祭酒臣李端棻、国子监司业臣治麟、国子监司业臣潘衍桐跪奏，为遵旨会议，敬陈管见，恭折仰祈圣鉴事。

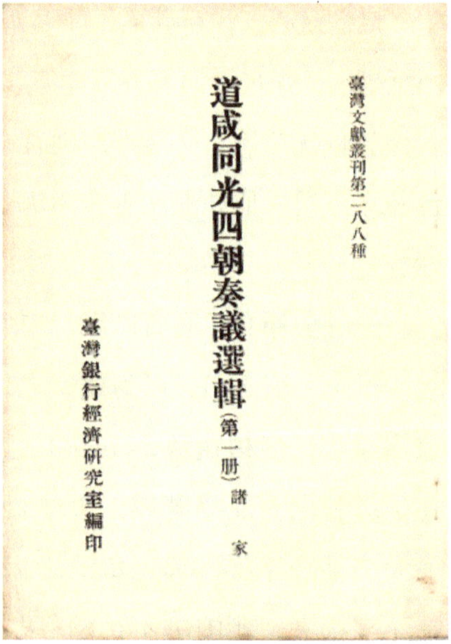
臺灣文獻叢刊第二八八種

道咸同光四朝奏議選輯（第一册）諸家

臺灣銀行經濟研究室編印

窃维法人凶炎方张，战固可危，而和亦难恃。据李鸿章奏称德璀琳禀陈福禄诺居中讲解等因。在李鸿章之心，特恐失此事机，后将无及。岂知求和愈急，成局愈难。朝廷延访臣工，虑及流弊，诚达观利变之说也。顾臣愚以为弊有在日后者，有在目前者，转圜太易，则彼愈轻我，而得步进步，要挟益多。况各国觊觎，已非一日。倘因法人得志，群起而效之，数年而后，若高丽、台湾、伊犁、库伦等处，均非我有矣。此日后之弊也。德璀琳不过外国一细民，为中国司理税务，其言何足深信。福禄诺虽属彼国总兵，究非奉其君命而来，安知彼非因人疲饷乏之后，忽见我罢枢臣、诛懦将，不知我意所存，因阴遣此二人以尝试我耶！我若堕其术中，遽与预定和款，则我先自丧其威，而彼犹未餍其欲，于是遣使要盟，更端以进，无厌之求，何以应之。此目前之弊也。越人反颜事仇，诚不足惜，所可惜者国体耳。为今之计，亟宜开诚布公，明白宣示，谓彼自与越搆难，我自防守边界，与彼未尝失和。但必令彼国特派使臣，专办此事。然后与之定议，庶不至目前则滋其反覆，日后则恣其诛求。曾纪泽乃中朝简任大员，今以德璀琳一言而撤矣。我国使臣，彼能胁之使去，彼国使臣，我独不能致之使来乎？又蒙明谕垂询边圉应如何扼守，饷糈应如何筹办，法人应如何辩难折服。夫固守边圉，疆吏责也。豫筹饷糈，计臣事也。法人之狡黠，又非可以口舌争也。我果能于滇、粤两军，递筹接应，前有劲旅，后有援兵，严阵以扼其冲，静镇以观其变，则我之士气稍壮，而彼之兵力渐疲，一俟法使遄来，徐与商议，此则终无以易臣衍桐前奏能战而后能和之说也。李鸿章综理边务，十有余年，切切焉以大局之决裂为忧，而又鳃鳃焉以众口之指摘为惧。窃谓此次和议，果如原折所云不损国体，不贻后患，既能力求实践，亦复何恤人言。伏乞特旨责成该督臣洞察敌情，力持镇定，勿为虚声所震，勿为甘言所欺，以保国威，以全令誉，皆在今日。臣等忝与廷议，固不敢作难行之论，亦不敢为附和之谈，谨披沥上陈，伏冀圣鉴。

——《道咸同光四朝奏议选辑》（第二册）

# 遵议和局再陈管见疏
## （光绪十年 1884年）

李端棻

署国子监祭酒、翰林院侍读学士臣李端棻跪奏，为再陈管见，仰祈圣鉴事。

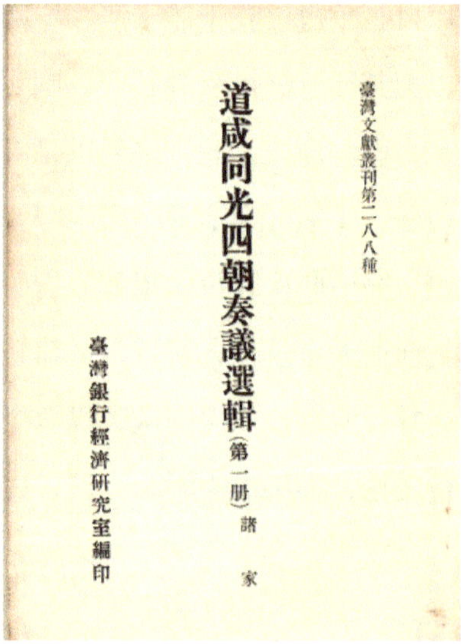


昨奉谕旨会议一事，业经遵旨具折覆陈；退而自思，尚有未尽愚悃，谨再为皇太后、皇上陈之。臣窃见李鸿章折内，于分界通商二事，辄斤斤以言官阻止为虑。臣愚以为分界若在未失地以前，则广西宜以富良江为界，云南宜以红水江为界。今势既不能，则正不在数之多寡，而在地之险要。李鸿章议分给法国数省外，我得之无可守，犹弗得也，计不如委而弃之。惟自固吾圉，犹易筹防。查云南旧界，在马白关外四十里铅厂山，中有都龙、南丹两金厂，彼得之即为宝山，且距关甚近。今既与议分界，彼必力争，朝廷方以失地之故，罪我疆臣，今讲和而举以予之，谓之不失国体得乎？通商则彼以无益之物，耗我五金之利。云南铜厂，方有起色，若有漏卮，何以足用。又彼国商人初来，必责我保护，滇民强悍，久与为仇，他日将争厂利，图报复，若再有马加理之事，彼近与我邻，祸且难测，谓之不贻后患得乎？此显而易见者。度李鸿章及总理衙门诸臣，必有以处此。

恭读谕旨，谓滇粤如何固守。臣案云南入越，以开化府之马白关为正路，而开化、广南尚有小路，广西以太平府之镇南关为正路，而龙州、镇安亦有小路，宜以二关为重镇，于此增垒设戍，屯兵积粟，筑炮台，置器械，小路亦置官兵严守御。开化镇本驻开化府，近闻云南迤南道亦移驻于此，勿庸更置。惟广西镇南关，距省千三百里，恐呼应不灵，宜移提督驻太平府以资守御，广东宜练水师，驻东京湾对岸，以固钦琼门户，和则扼扎以防阴谋，不和则三省分途出扰，使其备多，久将自困。此固守边防之说也。

谕旨又谓饷需如何豫筹。臣案见在滇粤各军，自以各省协饷为度支；云南铜厂，自唐炯开办，去岁多解二十万两，又补前年二十万两，成效已著。四川盐务，更有起色，每月酌拨若干，应由该省督臣力筹接济，则滇饷充矣。广西梧州关税，征收甚富，多为该省各大吏陋规及一切无益耗费。广东粤海关，素称饶裕，尤多中饱，请敕彭玉麟查实，若能涓滴归公，按成指拨，不无所济。此豫筹饷需之说也。

谕旨又谓和局有何流弊。臣以为流弊无穷，防不胜防，而以通商之害为最大。且均一通商，而陆路与水路不同。盖水路有一定口岸，无可挪移；若陆路则乘我不觉，潜移界牌之事，往往而有。此俄人之惯技，法人必至效尤。又法国教民，素易生事，倚势行强，种种滋扰情形，断所不免。近边一带，万一有衅，尤虑内变。是宜通商之始，严定限制，教民案件，概归地方官清理，此杜渐防微之说也。

谕旨又谓法人狡诈要挟。臣以为徒恃口舌，以折冲樽俎之间，终恐非计，莫如力求自强以为后图。而今之所谓自强者，无过设机器、购轮船，岁费金钱数十百万，一旦有事，仍不足一试。徒曰和之云尔。往者琉球为日本所据，其地悬海外，犹无余患也。越南自秦汉以来，为内地之日恒多，今为法人有，是与我共中夏矣。其势愈逼，其患愈深，循是以推，何所底极。今者和局未定，臣闻刘铭传忠勇有谋，颇以不得文职为觖望，见值海疆多事，正臣子效命之时，如谓有挟而求，该提督断不出此。伏乞特旨敦促就道，令率淮军以居前敌，勿许托故迟延，立功之后，朝廷不防破格迁除，以昭懋赏。李鸿章老成重望，慎持后路，为之声援。北洋声势既壮，三省边防亦密，彼知我不为所挟，和议或易转圜。万一不成，我亦有备无患，不至滋外侮而贻内忧。然则臣所谓辩难折服者，不在空言而在实政也。伏望宸衷独断，敕李鸿章总理衙门诸臣勿过曲徇，以全国体，以杜后患。臣诚梼昧，智虑所及披沥以陈，是否有当，伏乞圣鉴。

——《道咸同光四朝奏议选辑》(第二册)

## 詹事府少詹事李端棻、山东道监察御史熊景钊奏为贵州地瘠民贫饷糈不足拟请改隶川督兼辖以资接济而靖边隅事（光绪十一年十二月十九日）

奏为贵州地瘠民贫，饷糈不足，拟请改隶川督兼辖，以资接济而靖边隅，恭折仰祈圣鉴事。

窃维立制固宜守经，而经界尤须度势。故建官分职，画界定疆，损益之所以因乎其时也。我朝各省总督之设，或并或裁，或改隶或兼辖，备载皇朝《会典》诸书。近如新疆、台湾，均各添设巡抚，诚以海防、边防、练兵、筹饷，事权重大，不得不责有专归。仰见圣圣规画创制，具有深意，臣等曷胜钦佩。伏念贵州界在滇楚蜀粤四省之中，雍正年间，云贵总督兼辖广西。迨乾隆初年，云南、贵州各设总督。乾隆十二年，始改云贵总督，两省各设巡抚。良以汉苗杂处，离合靡常，故不能不随时制宜，以资控制。今者元气未复，土产尤稀，田地半多荒芜，征纳久难足额。而且游勇顽苗，伺隙思逞。练兵养勇，需款更殷。发放稍迟，攘夺立见。种种危殆情形，若不设法变通，断非持久之计。臣等再四思维，惟有改隶四川，庶以聊痛痒之谊，而期有无之通。谨约举利弊大端，为我皇太后、皇上陈之。

一协饷有着也。臣等闻署（贵州）抚臣潘霨于履任后，百计经营，一筹莫展，业将艰窘情形上达天聪，并请饬催各省协饷迅解，仰蒙允准，著户部严催在案。在部臣遵照行催，谅当不止一次。无如各省库款皆非充裕，苟非万不得已，即不免视为缓图。溯查癸未年云贵督臣岑毓英奏定贵州岁需的饷一百三十万两，除本省岁入二十余万两，近来各省协济且不足三十万。其指拨可恃者，惟四川包认盐厘四十万耳。固由四川督臣丁宝桢公忠体国，不分畛域，亦实以该督臣籍隶贵州，谂知贫瘠情形，故不能不竭力图维，保全边圉。该督臣万一迁调他省，承其后者境地非其所辖，缓急未必周知，既无责成，终必延宕。一朝失此有着巨款，则饥溃之变旦夕可决。若隶入四川，则责有专归，不独此项的饷不至有名无实，且事有急需，或以四川协济各省之饷互相抵拨，或先由四川垫发，待各省协饷解到归款。彼此通挪，庶几有可着手。贵州既免乞饷之难，四川亦有不能不顾之势。曩者康熙间三藩之变，大兵方攻滇黔，秦蜀转饷彼此推诿。廷臣奏称皆由总督分设之故，应合川陕设一总督，俾体谊相关，随地可以调拨。仁庙特允其请，一转移间，饷事以集，前事可覆按也。

一边防可恃也。查楚粤入滇之路，惟恃偏桥一线，故（贵州）特隶归云南，以联声援。今者越南之役始兴，法人分界通商。而缅甸一隅，英人又将窥衅。是滇南之兵，向所资以驭内者，今不能不尽力以防外。万一边地有警，既有鞭长莫及之虞，即难受辅车相依之效。若改隶四川，则云南不必内顾，贵州不至孤悬。外可以树滇军之后劲，内可以壮川楚之屏藩。备边之策，莫要于是。元时贵州建置之初，以八番、顺元等处隶四川行省，即此意也。

一民困可苏也。贵州山枯水急，生计歉薄。由威宁以达镇远，客商驮马之络绎者，以云南货物为大宗。今既滇界与法通商，不过十余日旱路，便可达于轮船。商民惟利是视，断无舍易就难之理。滇货悉数入海，此后小民生路之绝，计日可待。若改隶四川，则官商之入黔者，自必取道蜀东，货物捆载，行李往来，小民可获负任之利。而川民之入黔垦荒者，亦不至有客民之疑。明初贵州诸罗不靖，奢香除赤水乌撒道，立龙场九驿，由间道以通四川，而诸罗遂定，其明效也。在四川初无所损，在贵州则大受其益，或亦酌盈济虚之要道乎？

以上三条，实贵州目前要务，未可缓图。至云南地方，东西二千五百余里，南北一千一百余里，幅员宽广，昆连荒徼，且现办越南边防，必须重兵扼守。原设云贵总督，似可仿照直隶总督，改为云南总督管巡抚事，以固边圉而一事权。至云南巡抚，或裁撤以节靡费，或移驻四川以资佐治。是人在川滇两省，体察情形，奏明辨理。臣等籍隶贵州，戴帡幪之高远，悯乡里之艰危，谨合词上陈可否？饬下四川云贵三省督抚臣，悉心会议，据实覆奏，再由部臣妥筹，恭请钦定。愚昧之见，是否有当，伏乞皇太后、皇上圣鉴。谨奏。

——中国第一历史档案馆藏

## 请推广学校折
## （光绪二十二年五月初二 1896年6月12日）

李端棻

奏为时事多艰，需才孔亟，请推广学校，以厉人才而资御辱，恭折仰祈圣鉴事。窃臣闻国于天地，必有与立言，人才之多寡，系国势之强弱也。去岁军事既定，皇上顺穷变通久之义，将新庶政以图自强，恐办理无人，百废莫举，特降明诏，求通达中外能周时用之士，所在咸令表荐，以备擢用。纶綍一下，海内想望，以为豪杰云集，富强立致。然数月以来，应者寥寥；即有一二，或仅束身自好之辈，罕有济难瑰伟之才，于侧席盛怀，未能尽副。夫以中国民众数万万，其为士者十数万，而人才乏绝至于如是。非天之不生才也，教之之道未尽也。

夫二十年来，都中设同文馆，各省立实学馆、广方言馆、水师武备学堂、自强学堂，皆合中外学术相与讲习，所在而有。而臣顾谓教之之道未尽，何也？诸馆皆徒习西语西文，而于治国之道，富强之原，一切要书，多未肄及，其未尽一也。格致制造诸学，非终身执业，聚众讲求，不能致精；今除湖北学堂外，其余诸馆，学业不分斋院，生徒不重专门，其未尽二也。

诸学或非试验测绘不能精，或非游历察勘不能确；今之诸馆，未备图器，未遣游历，则日求之于故纸堆中，终成空谈，无自致用，其未尽三也。利禄之路，不出斯途，俊慧子弟，率从事帖括以取富贵，及既得科第，逐与学绝，终为弃材。今诸馆所教，率自成童以下，苟逾弱冠，即已通籍；虽或向学，欲从末由，其未尽四也。巨厦非一木所能支，横流非独柱所能砥，天下之大，事变之亟，必求多士，始济艰难；今十八行省只有数馆，每馆生徒只有数十，士之欲学者，或以地僻而不能达，或以额外而不容，即使在馆学徒一人有一人之用，尚于治天下之才万不足一；况于功课不精，成就无几，其未尽五也。

此诸馆所以设立二十余年，而国家不一收奇才异能之用，曰惟此之故。曰：然则岩穴之间，好学之士，岂无能自绩学以待驱策者？曰：格致、制造、农、商、兵、矿诸学，非若考据词章帖括之可以闭户獭祭而得也。书必待翻译而后得读，一人之学，能翻群籍乎？业必待测验而后致精，一人之力，能购群器乎？学必待游历而后征实，一人之身，能履群地乎？此所以虽有一二倜傥有志之士，或学焉而不能成，或成矣而不能大也。乃者钦奉明诏，设官书局于都畿，领以大臣以重其事。伏读之下，仰见圣神措虑，洞见本原。臣于局中一切章程虽未具悉，然知必有良法美意以宣达圣意阐扬风化者，他日奇才异能由斯而出，不可胜数也。

惟育才之法匪限于一途，作人之风当遍于率土；臣请推广此意，自京师以及各省府州县皆设学堂。府州县学，选民间俊秀子弟年十二至二十者入学，其诸生以上欲学者听之。学中课程，诵四书、通鉴、小学等书，而辅之以各国语言文字，及算学、天文、地理之粗浅者，万国古史近事之简明者，格致理之平易者，以三年为期。省学选诸生年二十五以下者人学，其举人以上欲学者听之。学中课程，诵经史子及国朝掌故诸书，而辅之以天文、舆地、算学、格致、制造、农、商、兵、矿、时事、交涉等学，以三年为期。

京师大学，选举贡生监年三十以下者入学，其京官愿学者听之。学中课程，一如省学，惟益加专精，各执一门，不迁其业，以三年为期。其省学大学所课，门目繁多，可仿宋胡瑗经义治事之例，分斋讲习，等其荣途，一归科第；予以出身，一如常官。如此，则人争濯磨，士知向往，风气自开，技能自成，才不可胜用矣。

或疑似此兴作，所费必多，今国家正值患贫，何处筹此巨款？巨查各省及府州县率有书院，岁调生徒入院肄业，聘师讲授，意美法良；惟奉行既久，积习日深，多课帖括，难育异才。今可令每省每县各就其一院，增广功课，变通章程，以为学堂。书院旧有公款，其有不足，始拨官款补之。因旧增广，则事顺而易行；就地分筹，则需少而易集。惟京师为首善之区，不宜因陋就简，示天下以朴，似当酌动帑藏以崇礼制。每岁得十余万，规模已可大成。中国之大，岂以此十余万为贫富哉。或又疑所立学堂既多，所需教习亦众，窃恐乏人堪任此职。臣以为事属创始，学者当起于浅近，教者亦无取精深。今宜令中外大吏各举才任教习之士，悉以名闻，或就地聘延，或考试选补，海内之大，必有可以充其任者。学堂既立，远之得三代庠序之意，近之采西人厂院之长，兴贤教能之道，思过半矣。然课其记诵而不廓其见闻，非所以造异才也；就学者有日进之功，其不能就学者无讲习之助，非所以广风气也。今推而广之，厥有与学校之益相须而成者，盖数端焉。

一曰设藏书楼也。好学之士，半属寒俊，购书既苦无力，借书又难其人，坐此固陋寡闻无所成就者不知凡几。高宗纯皇帝知其然也，特于江南设文宗、文汇、文澜三阁，备庋秘籍，恣人借观。嘉庆间大学士阮元推广此意，在焦山灵隐起立书藏，津逮后学。自此以往，江浙文风，甲于天下，作人之盛，成效可睹也。泰西诸国，颇得此道，都会之地皆有藏书，其尤富者至千万卷，许人入观，成学之众，亦由于此。今请依乾隆故事，更加增广，自京师及十八行省省会，咸设大书楼，调殿板及各省官书局所刻书籍，暨同文馆、制造局所译西书，按部分送各省以实之。其或有切用之书，为民间刻本，官局所无者，开列清单，访划价值，徐行购补。其西学书陆续译出者，译局随时咨送，妥定章程，许人入楼看读，由地方公择好学解事之人经理其事。如此，则向之无书可读者，皆得以自勉于学，无为弃才矣。夫古今中外有用之书，官书局有刻本者，居十之七八。每局酌提部数，分送各省，其费至省，其事至顺，一奉明诏，事即立办。而饷遗学者，增益人才，其益盖非浅鲜也。

二曰创仪器院也。格致实学，咸藉试验。无视远之镜，不足言天学；无测绘之仪，不足言地学；不多见矿质，不足言矿学；不习睹汽机，不足言工程之学；其余诸学，率皆类是。然此等新器，所费不赀；家即素封，亦难备购。学何从进，业焉能成。今请于所立诸学堂咸别设一院，购藏仪器，令诸学徒皆就试习，则实事求是，自易专精。各器择要而购，每省拨万金以上，已可粗备。此后陆续添置，渐成大观，则其费尚易措筹，而学徒所成，视昔日纸上空谈相去远矣。

三曰开译书局也。兵法曰："知己知彼，百战百胜。"今与西人交涉而不能尽知其情伪，此见弱之道也。欲求知彼，首在译书。近年以来，制造局、同文馆等处，译出刻成已百余种，可谓知所务也。然所译之书，详于术艺而略于政事，于彼中治国之本末，时局之变迁，言之未尽。至于学校、农政、商务、铁路、邮政诸事，今日所亟宜请求者，一切章程条理，彼国咸有专书，详哉言之，今此等书悉无译本。又泰西格致新学，制造新法，月异岁殊，后来居上，今所已译出者率十年以前之书，且数亦甚少，未能尽其所长。今请于京师特设大译书馆，广集西书之言政治者，论时局者，言学校、农、商、工矿者，及新法新学近年所增者，分类译出，不厌详博，随时刻布，廉值发售，则可以增益见闻开广才智矣。

四曰广立报馆也。知今而不知古则为俗士，知古而不知今则为腐儒。欲博古者莫若读书，欲通今者莫若阅报，二者相须而成，缺一不可。泰西每国报馆，多至数百所，每馆每日出报，多至数万张。凡时局、政要、商务、兵机、新艺奇技，五洲所有事故，靡所不言。阅报之人，上自君后，下及妇孺，皆足不出户，而于天下事了然也。故在上者能措办庶务而无所壅蔽，在下者能通达政体以待上之用，富强之原，厥由于是。今中国邸钞之外，其报馆仅有上海、汉口、广州、香港十余所。主笔之人不学无术，所言率皆浅陋，不足省览。总署海关近译西报，然所译甚少，又未经印行，外间末由得见。今请于京师及各省会并通商口岸、繁盛镇埠，咸立大报馆，择购西报之尤善者分而译之。译成，除恭缮进呈御览并咨送京外大小衙门外，即广印廉售，布之海内。其各省政俗土宜，亦由各馆派人查验，随时报闻，则识时之俊日多，幹国之才日出矣。

五曰选派游历也。学徒既受学数年，考试及格者，当选高才以充游历。游历之道有二：一游历各国，肄业于彼之学校，纵览乎彼之工厂，精益求精以期大成。一游历各省，察验矿质，钩核商务，测绘舆地，查阅物宜，皆限以年期，厚给薪俸，随时著书，归呈有司，察其切实有用者，为之刊布，优加奖励。其游惰而无状者，官则立与降黜，士则夺其出身。数年之后，则輶轩绝域之士，斐然成章，郡国利病之书，备哉灿烂矣。或颇疑近年两次所派游历学生，未收大效。不知前者所派游历，乃职官而非学童；在中国既未经讲求，至外洋亦未尝受学，故事涉空衍，寡有所成。其所派学生又血气未定，读中国书太少，遽游历绝域，易染洋风，虽薄有技能，亦不适于用。今若由学堂选充，两弊俱免，其所成就，必非前此之所能例也。夫既有官书局、大学堂以为之经，复有此五者以为之纬，则中人以下，皆可自厉于学，而奇才异能之士，其所成就益远且大。十年以后，贤俊盈廷，不可胜用矣。以修内政，何政不举；以雪旧耻，何耻不除。上以恢列圣之远猷，下以慑强邻之狡启，道未有急于是者。若仰蒙采择，乞饬下中外大臣妥议章程，取旨施行。

臣愚一得之见，是否有当，伏乞皇上圣鉴训示。谨奏。

——《京师大学堂档案选编》

北京大学、中国第一历史档案馆编

北京大学出版社

2001年8月第一版

# 滥保匪人自请惩治折
## （光绪二十四年八月十九日）

奏为滥保匪人，自请惩治，恭折仰祈圣鉴事。

窃因时事多艰，需才孔亟，臣或谬采虚声，而以为足膺艰巨；或轻信危言，而以为果由忠愤，将康有为、谭嗣同奏保在案。本月十一、十四等日恭读上谕，康有为所为，诚非臣梦想所及。虽凡被诱惑之人，圣恩宽大，概不深究。惟臣职分较崇，知人不明，万难原宥。比拟具疏陈请，又恐事后检举，或以引咎为邀恩之计，悚惶迫切，病势益增，姑续假期，静以待罪。乃泥首数日，朝廷尚无谴责，鸿慈高厚，钦感莫名，而臣内疚于心，终觉难安寝馈，惟有请旨治臣以应得之咎，以为大臣之滥保匪人者戒。理合恭折自陈，不胜伏枕待罪之至，伏乞皇太后、皇上圣鉴。谨奏。

# 二、普通学说

李端棻

（光绪二十九年七月初二日）

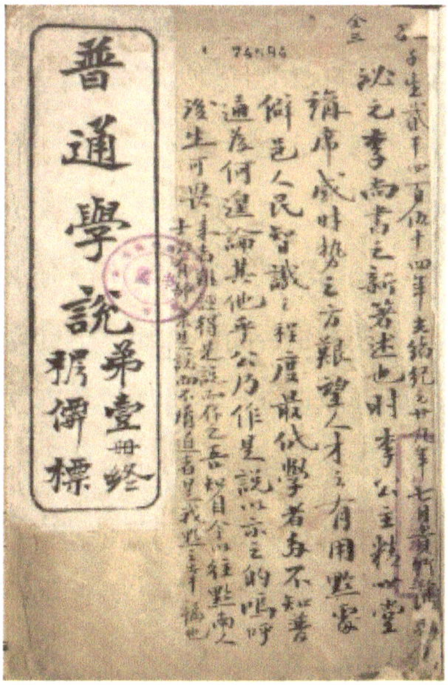


鄙人少而无学，长更碌碌。不特西学未能自信，即中学亦良自惭。惟长安居久，见闻较广，此中途径略或知之。还乡以来，瞬将二载，睹吾乡人士未尝不思为学，而或蔽或偏，莫能自拔。不揣固陋，竭其所知，以与为学诸君共求进取之途，著之于编，以供众览。

方今科举渐变，学校大兴，课程教科朝廷将来自有定制。然国计艰难，普及之教育未能遽成，则学校所收容或有限。兹之所言，不过与校外诸君于自修自习之时，代辟蹊径，非敢入主出奴，作党人之争也。

今日读书应分两途：一救时，一穷理。救时者，学成即以致用也；穷理者，毕生优游于一学之中，穷其已发见者，探其未发见者，以增进人类之智识者也。穷理者，时时求胜人；救时者，处处求及人。国家乂安之时，非多有穷理之士，不能维持永久。若今日危急存亡之秋，救时之学断不可缓亦不可少。（非谓今日之士不应穷理，但为救时之学者，须占最多之数，始能足一国之用。凡因袭文明者，其初必求及人，其后乃能胜人。）穷理之学，非今日所急需，亦非鄙人所能言。鄙人之所言者，救时之学也。抑鄙人之所言，学者苟循序以求之，待其卒业之后，遂谓已足救时，则又非鄙人之意。盖今之所言，不过为此学之门径。至其前途，至为深远，亦至无定，固当以最新最近之法为准者也。（救时宗旨也，至如何而后可以达此宗旨，则其法无定。通西文者自求之西书，不通西文者只能求之于最新最近之译本。）

以中国人口与所有方里较，人不为少，然为学之人，何其少耶！今之风气，士之稍知时势者莫不曰变法。变法试思如许。大陆变法之时，应需若干人才，此非如枪炮、汽机可以银货购之者也。故今日人才患其无，尤患其少，则号称士子者固应人人自奋于学界之中，以求供当时之用，不可互相推委，互相属望，而己身反自放于国家之外。

我国学风，现以东南沿海及扬子江下流为最盛，然一旦变法，足供政府与本处之用否尚不可知，至贵州则相去尚远也。自严范孙编修督学以来人始知学，至于今日空疏如故。不喜西学者固无论矣，即号知西学者亦只从数种报章中少开知识。即而扣之，不特专门之学未之有也，即寻常之普通智识亦未之前闻，甚至本国之地理、历史，不论新学旧学悉应通晓者亦多相对茫然。不求实际而惟以空疏之议论相尚，以云救时何可得耶？故今之为学者当求实际，不可流于空论。

为学之最初一步，普通学是也。西人谓之文学、质学。质学，东人又谓之科学，凡人类应有之智识悉具于是。

学校用者谓之教科书，程度之高低，则随学校之大小而异。不明普通学不能学专门，欲求专门之大成，则普通学之程度亦须随之而高。

若为寻常致用及寻常教习之学，则日本之中学教科书亦已足用。何等学堂应用何等教科有一定之程，故其书特便教授。至私家著述大抵由浅而深，首尾完备。又有取此种汇集多数合刻一部，日本谓之百科书，最便自习。惟百科书现尚未有译本，故习普通学者仍须用教科书。（中外日报所载之英国图书总集成亦即百科书，日本人现方译之。）

算术为普通学之一。我国旧有此学，故习之者尚多，即此间学风亦惟此学独盛。为是，学者莫不曰：算学，各学之先路也。此言诚然，然往往有算学既通即行袖手，于各学并不问津，何耶？算学之气质颇近于文字。识字将以读书也，习算将以为他学也，习算而不进求他学，是识字而不读书也。呜呼可？

本国地理、本国历史各为普通学之一。然习此二科应较他学为稍深乃能足用，以此为本国人特别应有之智识，较切于人类普通应有之智识也。我国读书人往往有并此不知者，是可叹也。今有十龄外学童异姓之人，见之问其居址何处不能答，问其宅之大小不能答，问其家有何人、具何物、执何业而皆不能答。若是者，人必以愚骇视之。读书人而不识本国之地理与历史，何以异此？抑本国地理、历史，爱国心之种子也。人莫不自爱其家，以家之所有莫不见之、识之而知其为己之所有也。爱之则思保持之，有来争者则拒之。人若以爱家之心爱国，则国盛矣。今之中人爱国之心甚薄，非不爱也，不知我国有可爱者在也。使知此国其位置在亚洲之大陆，而东滨于海，江流贯注，交通极便，则莫不爱之；处温带之下，气候平和，无酷暑严寒之侵，则莫不爱之；虽无酷暑严寒，而热带寒带之物产亦颇具，藏于地中及产于地面者，不可胜用也，则莫不爱之；其上古史有若是之文明，其中古史有若是之武功，则莫不爱之；即至今日虽未能争胜欧美，而据有极大之幅员，最多之人口，其人种本皆一原，其幅员亦复团结，一旦有为，以之雄飞于世界不难也，则莫不爱之。可爱者如此而自顾一身，俨然国民中之一民也，则莫不爱之。爱之则思与国人共保持之，有来争者则思与国人共拒之，此人情也，非分外之思想也。然使不知之则遂淡焉、漠焉，不知此国为何人之国，亦似无与于我也者。故本国地理、历史亟应知之，职是之故。

本国地理、历史所用之书，自应以本国人所纂述者为最相宜。然今日而为是学则旧时之书，反不若外人代纂之书，此无容为讳也。以前之史学家尚未有交通之智识，其所著书犹执其一偏之见。以翦裁天下之事，读之可以记事迹而不足穷理趣。至东人之所纂，其所用资料悉中国之旧物，而能以最明之眼力察视之，最锐之心力综覈之，最严之笔力整齐之。故今日之为是学者读旧书十年，其所得不过数千年之所云云。及读一卷东人代纂之书，顿觉天地易色，觉接于目、触于脑者悉非向日之所有，而又非本来之所无。正如上古之人日睹他人之面目，而己之面目反在悬揣之中，忽一对镜然后我之真面始可得见。故天下之乐事，应莫乐于上古之人之初对镜者。今以中国之人而读外人代纂中国之书，其愉快当不减于是。但外人挟其新学取我之旧物抉择而整齐之，固能使眼界一开，至其所论定者果能得我国之真情与否，所劝儆者果能合我国之希望与否，即外人亦不敢自信，何也？凡代人谋者，终不如自谋之审也。今我国之旧史其不可用，在守其一偏之见，而无交通之智识也。果其参用外人之法以自铸数千年之新史，则其合用之处必非外人代纂者之所能及，观今之为史学者注意于是者，盖有人矣。然其书未出，则不得不借助于外人以应修学之用。至中国旧籍，适足以备参考而已。

即如地理，就图绘言，本国地图以胡刻为最精。外人未加遍测，遂亦无以知其是否。然沿海溯江，西人之所测固已远胜旧图矣，故外人之所已知者，中人则尚未知之。所以办海军、开航路，亦须求本国之图于外人，而士子之为学更无论矣。而边疆偶有划界之役，其图样例须由外人绘出，膏腴险要任其割取，而执事懵然莫能与争，尤属痛心之事。

若论地志，则江河流域为冲积之平原，非见外人之书不自知也。河之为害与北省之凋敝由于无林，长此不治，数千年后有可以变成沙漠之势，非见外人之书不自知也。矿产之富各省不同，雨泽之量各处不同。与夫铁路之宜否敷设，兵事之如何布置，以至苗瑶之语言、猓猡之文字，非见外人之书不自知也。此等琐琐，他日学问大兴之时直属寻常，然在今日固以居此数千年之人种而全未之知也。

至于我国史书最称繁重，然以最上之数人种处最相宜之地，代兴叠盛者数千年，而除一朝废兴之外，其各种之人生计行为曾不能考其崖略。即著之于籍者，亦复不加别裁视之一例。故虽以黄帝之一统，秦始之开拓，读史者若或忘之。而汉武唐太之弭患疆场，成吉思汗之耀兵绝域，作者至反引之以为戒。而战国学术之发达，六朝及唐佛学之大兴，更熟视若无睹矣。凡此诸条，使无外人之作以为对照，我中国学者虽长此漠然未可知也。

外国地理、外国历史，各属普通学之一。乍习地理多以为苦，大抵宜先查本书之图而后阅志，再查较详之图以次求密。查图之法，先记各洲之大势；次记各水之最大者；次记各国，记其为何水之流域也；次记都邑之大者，记其在何水之流域也。譬之于树，各水犹干，流域犹枝，都邑犹果也。以水为主，而以都邑为附属之器，能记都邑则国境在目中矣。不能以山为主者，山或有或无，而水则无处无之也。无水之处惟沙漠，然亦无可记者也。

独习地理干燥无味，若读史之时取以证明大势，则趣味无穷，亦易不忘。至读史，当以贯通为主，西史尤要，以其地非一国人，非一种也。地非一国，人非一种，须有线索焉以贯穿之。世纪者，天然之线索也。如长梯然，某国某事，其盛也在何级，衰也在何级，变迁也在何级，直可按图以索之。善读书者师此意而推广之，往往自订一法，以网罗千百年之大概。如记欧亚之交通，则波斯西征一事也，可命之为甲一；马其顿东来一事也，可命之为甲二；回教之西征一事也，命为乙一；十字军之东来一事也，命曰乙二；成吉斯汗之西征一事也，命曰丙一；俄罗斯之东来一事也，命曰丙二。不相属者以一例属之，此一法也。蒙古、突厥扰攘于中亚细亚者数百年，然考今日诸国，则布哈尔、阿富汗、机窪、印度之王家，蒙古裔也；土耳其、波斯之王家，突厥裔也。据此现象而逆溯以上，则前此两族势力之范围易以得其大略，此又一法也。法至无定，惟在苦心，人善以虚象构成之耳。

地文、地质各为普通学之一。天文之与地文，分划于气界以外。天文也，以内地文也。天文之大概，多冠于地理书之首，习专门者乃有专书，日人谓之星学。地文与地质分划于地面，以上地文也，以下地质也。地质之说与博物中之矿学几不可分。

理化为一科，生理为一科，博物为一科。每学之中应分为二：一有形事物是也，接于目者也；一无形公例是也，接于脑者也。为专门之学者，二者皆重。若为普通智识计，以得其公例为要。得其公例，即所未经见、未经闻者，可执其例以推测之，临奇变、遇新理而无所惑，否则虽对西书不能尽通也。理化一科，于三科中为尤重，不明理化不能明两科。

政治为一科，法制为一科，经济为一科。所见大概两种：一考查其历史者；一偏重于理论者。若得本国人所编辑者（如《财政四纲》等），文字较顺，阅之事半功倍，盖可为是科之门径。

先人有言，形上谓之道，形下谓之器，西学亦然。就理化类言，如声光电化，器也；其所以构成之公例，道也。就政治言，法令，器也；其所以制作之公理（日本人谓之原理），道也。故习理化者当以得其公例为主，习政治者当以得其公理为主。

伦理为普通学重要之一部，国家前途之安危系焉。此非外人所能代谋，亦非仅求西学者所能操觚从事也。大抵中学大师而又能广揽西方之文明，始足以语于斯。目前，译本有日本之教科书，虽不能充本国教科书之用，读之亦可见此科之条理。至检束身心，岂有易于孔孟之学。复取外人之言互相推较，取其适宜者亦可足一己之用。惟欲删其繁、存其精，合成天下之至公，以就国民之资料，养成一种特性，此种著作尚未可旦暮遇之耳。

普通学之最不可少者，曰算术，曰几何，曰代数，曰中国地理，曰中国历史，曰外国地理，曰外国历史，曰地文，曰地质，曰理化，曰生理，曰博物，曰政治，曰法制，曰经济，曰伦理，凡十六科，如右所列。此外如哲学、宗教、心理、国家、社会，或未普及于学校。至如农工与商，又为实业之学，其本亦在博物、理化、经济之中。自此之外悉为专门之学，实业与专门皆普通学成后之一步，故不繁列。

西学之书，前此多由西文译出，而由英文来者尤夥。甲午以后，始有译东文之说，其极盛亦只在此一二年间也。西人之书以理解胜，大致浑朴类我国三代两汉时。东人则抉择最精当，体例极严整，读之较省脑力而所得亦较多。不知由东文来者，果有胜于由西文来者耶？抑东人与我同文，其修辞之学较便于我国人之领受也。

人心之希望之为用大矣哉！耶教东来意在传教，而挟与俱来者算学、天文、舆地诸书，博雅之士或一涉猎，其实于我国学界并无感动也。自庚申津沽之役，创深痛巨，政府始知本国兵力非外人敌，于是始储船械，讲制造，彼时希望惟在练兵；经费繁多，国用不给，于是始谋交通，重商务，彼时希望惟在筹款。因此希望而后练兵、制造、工艺、格致、富国策诸书始入我国，是为第一级。然彼时有此希望者，惟政府诸人；能读此书者，惟最少之一份；学界之中少有影响，而亦未能大有感动也。甲午战后，人心一震，稍知外情者，始觉富强之原，端在学校。于是教育之论遍于国中，第一级所译诸书始大行于世。彼时希望惟在兴学，是为第二级。然所得见者亦惟格致、制造诸书，至教育、政治之书尚未一睹也。事过辄亡，学风亦息，而习东文者日益加多，教育、政治诸书其萌芽孕育亦在此时。庚子一役，人心再奋。教育之论，前者托诸空言，今也见于行政。而由东文译出之书云腾浪涌，争出于世，如挽东海之波涛倒灌于黄河、扬子江、西江之流域，以分注于国中士夫之脑中。脑力孱弱者猝未能受，而思想一开，条理渐密，学风之进步较前此之二级，其速率顿增数倍。而此时希望惟思实行此教育之学，实行此政治之学。实行教育之学，则希望师范之速成，希望教科书之早订；实行政治者则希望此类之书渐臻完密，以养成政治之才于优游自习之中，是为第三级。有一级之希望，始得格致、制造诸学；有二级之希望，始得教育、政治诸学；由此推之，则三级之希望其终能如愿以偿，意中事也。是今日中国学界能有此种景象，莫不由希望以来也。使无此希望，则中国今日犹之乎百年以前，又从而可知也。大哉，希望之为用也！然所希望所构成者皆东南士大夫之力，我黔人士无与者焉，是大可忧也。使就人之所希望所构成者，而我黔人士不惟无与，又不能因之以自致于学，则尤可忧也。同为一国之人而相去如此，有志之士自居何等？呜呼！是亦何难，请得与诸君勉力赴之。

西学之来，先有普通学后有政治，与吾人自习应有之次序亦正同。故普通学之设，实业之基础而专门之准备也。学之既成而不求实业，不进专门，则普通学者乃真虚悬无薄、一无所成者矣。当今之世，所最急者教育与政治，所急需者教习与深于政治原理之人。故以中等普通学补习教育一科，便可为中学堂教习，不及焉者亦可作小学堂教习。教习云云，非以谋生，盖将以达乎普及教育之目的，非是莫由也。日言变法，挟持何具？政治之专门，变法之具也。志大者望公辅之器，力薄者储百里之能，随其浅深而皆有用。此两种人充于一国，虽不变之朝亦可因此养成必变之势，何也？大势之所趋也。二十年来言变法者多在舆论，求之不得，谤讟繁兴岂尽。政府诸公，智有不及，建一议焉而无人可使，强以塞责而莫能收效。故不变之咎不在政府，而在天下之无人才。则今欲反此弊不求之于人才抑又何求？鄙人不学，不克主持一时之风气以助文明之进步，而少有所知，极愿与吾乡人士共相商讨，明知荒陋，不能有补。然大雅所嗤末学所资，有志斯途者或亦有一节之见取者乎！

附：普通学需用各书（诸书多未寓目，每科略举数种以便读者依类求之。）

算术：笔算数学

几何：形学备旨

代数：代数备旨

中国地理：大清一统舆图、支那疆域沿革图（《中国地志》未见单行者）、大清疆域分图

中国史：支那通史、高等中国历史教科书

世界地理：世界地理、普通万国暗射图、万国地志、东洋历史地图、东亚三国地志、世界读史地图、世界大地图、地球仪、地球图

世界史：东洋史要、日本维新三十年史（我国维新之先知）、东洋分国史、高等西洋历史教科书、日本历史、埃及近世史（我国维新之戒鉴）、太西通史、世界大事年表、世界近世史

地文：初级地文学、地文学问答

地质：地质学教科书、地质学问答

理化：理化示教、中等理学教科书、物理教科书、定性分析表、小物理学

生理：生理教科书、高等保身教科书、生理书

博物：中等物理教科书、博物学教科书、动物教科书、质物教科书

政治：政治学教科书、各国宪法大纲、政治原论、宪法精理、政治学提纲、十九世纪世界政治

法制：法律学纲领、日本现行法制大意、法学通论

经济：经济学大意、欧洲财政史、经济教科书、中国商务志、理财学教科书、万国商务志、理财学精意、原富、财政四纲

伦理：伦理书、高等修身教科书、中等伦理学

教育（附）：教育丛书、速成师范讲义、统合教授法

# 三、苾园诗存

李端棻著

## 李苾园先生遗诗序

何麟书

苾园先生，余长姑之子也。幼孤，依母以居，尝从先中宪湘雪公受业，学为诗古文。性至孝，家无儋石，自甘藜藿；而日必竭蹶备甘旨以奉母，先公亟称其贤。时吾家亦中落，先生以舌耕自给，间分馆谷周继之。咸丰庚申，先公成进士，改庶常，旋散馆为四川知县。越二年，先生亦乡会联捷入词林，为京曹。南北万里，迄于先公之殁，阅二十有六年，甥舅乃不复一相见，亦可悲已。光绪辛丑，先生赐环回里，书与先生无三日不见，见辄娓娓谈往事，或竟日不休。尝曰："吾一生为人之道，得之吾叔；为学之道，得之吾舅。"追怀畴昔，欷歔若不自胜。其时，先生年已七十矣。生平喜为诗，心有所触，一一托之吟咏。当其下笔，直抒胸臆，无所缘饰雕缋。及其即成，精光锐气，似千锤百炼而出。盖性情真挚，蕴蓄宏厚，非肖声袭貌者可伪为也。晚岁家居，感怆身世，概念时艰，居常悒悒，日唯以诗自遣。顾不自珍惜，往往随手散佚；其家人又不知收弆，以故存者绝鲜。辛壬之交，书时在左右，每一脱稿，或口述旧作，辄笔录存之。癸卯，书偕计北

上。次年，先生入鄂，期间睽离者经年。自后书执教鞭，日鲜暇晷，晤对渐稀。又未几，而先生逝矣。数年抄集，仅得诗百余首。贵州文献征辑馆搜求先生著述，久无所得，远道寓书，就询于余。余喜先生之诗得以传世，不至终秘也，为录副本应之。综先生生平之作，今兹所存，百不逮一。然吉光片羽，藉以窥先生襟袍，使后生小子知所取法，岂不与夏卣商彝同宝重耶！

民国第一丁丑春二月，时侨寓昆明。

## 戊戌十二月朔日寄九弟秦州

我本伤心人，迭遭伤心事。

垂老遭愈奇，一遭成□□。

往事诚已矣，来者略须计。

但举一二端，其余皆琐碎。

臣罪原当诛，扪心岂容避。

所赖圣恩宽，祖宗余荫庇。

以此两卜之，或可返南旆。

彼时贱归来，合家欢无暨。

非能学二疏，知足避荣位。

但愿学温公，徒步归洛市。

苦事与愿违，异方久羁滞。

神明日以衰，精力日以悴。

零丁几弱息，行止将谁恃。

我命犯孤鸾，一家仅三四。

致彼啼饥寒，飘零绝域地。

昂昂七尺躯，俯仰真怍愧。

更有关怀者，待了向平志。

光阴驶若飞，眨眼庚子岁。

蜀地远哉遥，婚娶非容易。

只此撄我心，思之时陨涕。

如何筹两全，特以告群季。

言尽意无穷，聊当音书寄。

## 寓甘州示诸弟

传说边城极阻艰，轻裘忽近玉门关。
远行经岁都忘倦，老去能生幸得闲。
始识雷霆皆雨露，要乘风雪看天山。
寄言群季休惆怅，得酒依然便解颜。

## 和文信国乩诗

怕听中秋月有声，要从菜市哭忠贞。
幸予被遣为迁客，匹马秋风出帝城。
（六君子被难为戊戌八月中旬，先生亦以是时迁谪出都。书注。）

数载饱看葱岭雪，一鞭归踏陇头云。

多情亦有王炎午，强拟予为信国文。

（先生在戍所，京中讹言有密为赐帛，门人某某筹设为遥祭，为文以哭之，故云。书注。）

乙亥秋负弩西来，道经（舟乐）得假居试院养疴。明年春，序康移宰斯邑，适馆授餐，久而弥笃。方幸尘语常亲，忽焉骊歌遽唱。别绪黯然，不能自己。爰成一律，用达感激之私，兼识一时鸿爪。

识荆虽晚得因亲，慰我飘蓬泛梗身。

两次天恩容病假，一年地主倍情真。

夙钦友夏诗归定，今见萧咸政绩新。

不独士民歌众母，春风嘘到谪居人。

（戊申于贵阳市中澡团扇，上书此诗，盖先生留张掖时为县令某君所书，不知何以辗转留黔中，亦一缘也。以拘于书扇款式，故题字较多。书注。）

## 在甘州病余自遣

西望轮台万里长，休将白首戍遐荒。
此日转觉逍遥甚，自问何曾险阻偿。
老去心情无冷暖，闲中岁月是羲皇。
近来渐少还家梦，识破迷途即故乡。

## 答甘郡诸茂才

锁闱幽邃许停车，为养沈疴得渐除。
罗雀门多佳客至，集膳堂近圣人居。
眷言芹采皆同类，何幸樗材不弃予。
住久还愁增别绪，东西揽辔总踟躇。

## 元旦试笔

催梭日月走双丸，爆竹声中岁又阑。
转眼一年仍作客，赧颜众口尚称官。
也呼仆辈通虚谒，强与家人觅醉欢。
马齿渐增何所望，但期努力自加餐。

## 感怀

无谓功名弃亦难，无多岁月忍抛残。
人言老景如尝蔗，我误庸医说梦兰。
卧病何人为料药，妨衰自己劝加餐。
置身本在清华地，拼作凄凉旅馆看。

## 久病转剧，书以自嘲兼自慰

自夏徂秋住病乡，无缘更觅养身方。
诚哉五福不言贵，耋矣一身空自忙。
周泽清斋非厌肉，渊明嗜饮久停觞。
且将世故全抛却，领取闲中趣味长。

腐败文章羞袭旧，浇漓世俗怕趋新。
耐烦才是真消遣，苦恼须知有夙因。
最忌众中露芒角，要从衰后见精神。
恶魔从此休来觑，正气团成不老身。

乡心岁岁忆鲈莼，今得还乡愿已伸。
老爱旧亲谈往事，病如处女避生人。
忧谗屈子萧骚意，僵卧袁安困顿身。
同类嗤予中尚热，招来闲事太无因。

### 感时

小恙宁占噬嗑凶，略施调剂便全功。
岂期酝酿痈成患，竟入膏肓药费攻。
和缓难求来晋地，参苓况未备梁公。
痌瘝在抱君知否，忍见疮痍满眼中。

自家病尚不知除，精骨衰残脑气枯。
昨夜安排将补救，今朝思想竟模糊。
胸中那有活人术，掌上空擎记事珠。
笑尔庸医庸带巧，苍生瘠甚尔偏腴。

## 醉余吟

彭泽辞官日，田园慨将芜。
我今赋归来，将芜田园无？
慧不辨菽麦，贫不事耕畲。
闭户愧然坐，酸咸与世殊。
将寻家庭欢，母兮长弃予；
将慰寂寞情，凤兮兼抱雏。
将作出岫云，懒极安所趋；
将作在山泉，清极孰与俱。
俯仰无一可，此生胡为乎？
不如杯在手，且集高阳徒。
豪饮如长鲸，一吸川为枯。
飘飘流光驶，不醉真乃愚。
醉后仰天笑，长歌呼呜呜。
我歌非歌聊带哭，我劝世人休揶揄。
世人皆醉我独醒，迂哉三闾之大夫。
世人皆醒我独醉，此心乃得长糊涂。
不然炯炯撑双目，安得同流而合污。

（此诗乃先生自述谓是旧稿。以是考之，当系光绪丙子、丁丑间，丁忧旋里后所作。书注。）

## 咏梅

繁华历尽世知稀，清节归来悟昨非。
休道玉颜萧索甚，愿经霜雪更增辉。
素服轻盈浅淡妆，对月如开玉照堂。
艳歌莫唱红罗曲，不及罗浮梦亦香。

## 静中偶成

数载浮踪鲜定居，今朝得止胜丘隅。
不闻边塞无稽语，喜读生平未见书。
仆辈千呼聊复尔，亲朋一饭莫招余。
思量往事真优孟，坐看浮云幻太虚。

## 瓶花

瓷瓶何日插鲜花，为别生机到病家。
只惜篱边新种菊，连朝冒雨损芳华。

## 菊山

好山多被雉垣遮，欲去寻花路转遐。
把菊叠成山意思，看山不厌又看花。
况复采菊东篱下，南山陶句悠然写。
是山是菊且勾留，莫谓菊真山是假。

## 请托者多，作此以谢之

冷淡情怀世不知，妄将俗事强人为。
极峰无赖非亲故，巧宦何须要护持。
干木逾垣思远避，曹丘推毂竟何辞。
吾安吾分吾心得，见好还妨物议滋。

## 自喜

葸疲意态转腾轩，更喜药能投病源。
筋力虽孱休过惜，精神愈用自还元。
惰骄最碍资生计，勤苦方为治事根。
谨守此心无放逸，免教末路溃篱藩。

## 杞忧

休道成人受苦辛，多财即现宰官身。
白身市侩皆朝士，黄口婴儿亦荐绅。
但以苞苴权子母，那知恩泽被人民。
滔滔天下皆如此，无怪要求遍铁轮。
莽莽喧传重外交，庸庸惟解忌同胞。
行人择路皆循辙，暴客乘机要代庖。
冲突从来无善果，平和未见长新苗。
时代至今成黑暗，昏昏点漆更粘胶。

## 酬应稍繁，作此自遣

不是王臣蹇蹇躬，聊居无计养疏慵。
自嗤闲极偏忙极，真把乐中当苦中。
病莫能兴非选客，老当益壮竟成翁。
道予意气无人信，冷淡篱边剩菊丛。

## 畏寒

秋色清华秋气鲜，捣衣时节未装棉。

人犹拂扇千珠汗，我独披裘九月天。

惭对晚花撑瘦骨，怕题新稿耸寒肩。

可知百病由中热，一服清凉已熟煎。

## 有感

七十犹如此，百年将奈何。

觚棱空想像，日月已蹉跎。

伏枥惊残岁，攀鞍愧伏波。

四方多猛士，定可挽天河。

## 学术思想

早知素习尽虚空，志积维新日有功。

目的胡为犹惝恍，心思毋乃欠昭融。

素王学术无今古，黄种灵明胜白棕。

宗旨看真须取法，何妨时势造英雄。

## 政治思想

天地区分五大洲，一人岂得制全球。

国家公产非私产，政策群谋胜独谋。

君为安民方有事，臣因佐治始宣流。

同胞若识平权义，高枕无忧乐自由。

## 应经世学堂聘

帖括词章误此生，敢膺重币领群英。

时贤心折谈何易，山长头衔恐是名。

糟粕陈编奚补救，萌芽新政要推行。

暮年乍拥皋比位，起点如何定课程。

## 闻谤自责

轻信人言悔莫追，咎由自取更何辞。

维新毕竟输仍旧，用夏原来易变夷。

家贼难防凭压力，谤书遍布荷良规。

不然民智开通后，团体合群熟御之。

（先生主讲经世学堂，以开通风气自任。定期召集诸生讲演，阐发民权自由真理，月课以培根、卢梭诸学说命题。一般学生哗以为怪，即黔中名士，其后且在京师拥讲席谈革命如某某等者，当日亦著竹枝词以讥之。其时民智寒陋，可见一斑。未及期年，先生亦解馆。书注。）

## 闻谤再自责

亚圣当年至教垂，人之患在好为师。
如何贸贸皋比拥，无怪纷纷物议滋。
垢面果能甘受唾，吹毛谁忍更求疵。
暮年闻过原堪喜，愿诵宾筵卫武诗。
漫说文缘易结欢，结欢未得怨多端。
下车攘臂羞冯妇，避地无心学段干。
那有真修孚众望，惧留笑柄到旁观。
爱人人反不予爱，漫责诸生不自宽。

## 国家思想

君不堪尊民不卑，千年压制少人知。
奴隶心肠成习惯，国家责任互相推。
峡经力士终能剖，山有愚公定可移。
缅昔宣尼垂至教，当仁原不让于师。

## 水仙花

连宵寒重勒花魂，呼婢忙移就火温。

向晓姬人忽惊唤，道花开满小瓷盆。

## 红梅

铁石心肠久灭磨，清癯只会老岩阿。

谁知又作繁华梦，点额胭脂着色多。

羞随桃李共争春，雪艳图中别有神。

只惜孤山林处士，暮年犹未脱红尘。

## 白梅

坚冰练骨雪为肤，那许尘嚣半点污。

纵使玉容消瘦甚，霜花飞上转敷腴。

铅膏洗却寿阳妆，对月如开玉照堂。

颜色只妨霜雪妒，移来虚室更生光。

## 癸卯元旦试笔

红笺亲展快书红，语在吉祥不在工。

亿万斯年天子寿，七十曰老逐臣躬。

金莲玉笋声华重，墨绶朱钧禄养丰。

更逐国民知爱国，文明大启亚洲东。

## 答刘嘉予太守

和章初就汗颜红，深愧抛砖句未工。
笑我空疏徒窘步，识君清白久持躬。
一麾出守箕裘绍，五绔兴歌誉望丰。
领郡定知多喜色，慈舆早迓汉江东。

## 再答刘嘉予太守

须臾又吐笔花红，好语如珠一一工。
贱子始终叨刮目，清词琢炼苦吟躬。
载赓寿母年登耄，为悯黔黎岁祝丰。
回忆禅房栖息夜，剪灯话到漏丁东。

## 三答

传笺剪翠又裁红，速比枚乘马比工。

交善君真晏平仲，危言我鉴息夫躬。

边隅宦况何防瘠，循吏家贫例不丰。

独喜归来联旧雨，相思不隔暮云东。

## 四答

一封书展露桃红，誉我新词字字工。

那有隐耕诸葛志，徒存食粟曹交躬。

佳篇持赠如联璧，雅意殷勤每设丰。

料得梦中犹觅句，诗筒传到日方东。

## 五答

饱饫天仓法粟红，滥竽充数等齐工。
为居朔漠三年地，留得冰霜百练躬。
尘话常亲心迹著，鹏抟行见羽毛丰。
多情果践双柑约，追陪愿上东山东。

## 六答

鏖战心花怒发红，居然力敌不休工。
寅僚踵至犹挥翰，局务心劳要息躬。
传命吟筒时往复，触机诗料倍加丰。
一言戏赠君领记，再报琼琚罚作东。

## 七答

偶标吉语自题红，博得骚人琢句工。

连日纵谈生逸趣，三年薄谴儆顽躬。

军储计算如农部，刑法持平媲沈丰。

犹忆翠华西幸地，朝朝紫气尚来东。

## 答王眉生茂才

铸金错彩斗繁红，五色笔花各样工。

书腴浸润全撑腹，学养团成独立躬。

落才不假科名重，同类喧传学殖丰。

志趣如斯真可畏，曈曈海日正升东。

## 再答王眉生茂才

佳句联翩缀锦红，重重巧法自然工。
目无余子诗言志，胸有群经道积躬。
司马病多尘累少，沈郎腰瘦砚田丰。
儒修料想兼中外，西学昌明更欲东。

## 三答

晓起推窗日未红，飞来诗句速兼工。
联交愿作忘年友，修己难宽自厚躬。
吟罢定知胸臆畅，病余当复面容丰。
中朝怀我无知已，馆职终虚赐陆东。

## 四答

游泮花才插帽红，文心诗髓已精工。
论诗巨擘齐廉士，任性率情楚直躬。
早岁声名甘露顶，绝伦颖秀小安丰。
羡君俊少忘予老，便欲乘槎泛海东。

## 立春日试笔

元旦书祥瞬及春，喜得吉语再敷陈。
一家和悦繁昌象，百病消除自在身。
内治清明昭日月，外交敦睦息风尘。
群奸尽殄群贤进，复我皇权市政新。

## 党祸

几见清流误国家，权奸颠倒是非差。
狭心但解酬恩怨，盲眼何曾识正邪。
戮辱逋囚无漏网，晋唐明宋有前车。
汉阳渡口京都市，云散风凄日又斜。

## 自遣

无恙归来又一年，吾庐吾爱极欣然。
安排竹石能医俗，消受香花即是仙。
黑熟甜乡真自在，白甘皛饭胜肥鲜。
只怜文字终遭忌，枉费精神种恶缘。

## 久晴渐雨

帘纤一阵落檐前，顷刻能将热恼捐。
白点溅阶纷散雨，绿阴满地不闻蝉。
精神复健消长昼，稌麦秋丰卜大年。
领略新凉疏尔梦，起看花木各争妍。

## 予年七十有余始见孙，客至留饭，次日即病厌晕，感而作此

一举居然累十觞，浇余块垒润枯肠。
不图嗜饮陶元亮，翻似长斋周太常。
食肉恐因曹刿鄙，含饴愿已向平偿。
醉乡趣味争浓郁，老态颠狂也不妨。

## 闻京都学生遇害

黑气浸浸压帝畿，嘻嘻怪事是耶非。

学堂未获收明效，文字翻能贾祸机。

狝薙同胞曾得计，摧残国脉更何悲。

党人两字真心法，一网轻投漏网稀。

## 伤老

无事忘机养太和，有时乘兴发高歌。

谨防岁月闲中过，磨炼精神病后多。

纵使前途无影响，莫因垂老便磋跎。

寄言年少诸同志，似此衰残可奈何。

## 购菊百余本，见者都道不佳，戏而作此

丰标休说太寻常，也有精神助晚香。
傲骨棱棱谁得见，肯随时世斗新妆。
乱头粗服见天真，疑是渊明醉后身。
欲趁今朝花下饮，白衣送酒更无人。
自家面目自家知，一任悠悠罪口嗤。
色相生来原是淡，非关风雨损寒姿。
比兰幽静比梅清，底事丰神太瘦生。
我欲问花花不语，为花聊作不平鸣。

## 恶木一株覆满庭院，暗无天日，芟去枝叶，豁然开朗，诗以纪之

沉沉脉脉日无光，傍晚还生湿气凉。
除却炎蒸能暂解，看花玩月总相妨。
骈枝叠叶坠纷然，俯见清池仰见天。
翦到根荄殊未忍，留将生意续年年。
上有营巢哺子乌，卒瘏予口费勤劬。
怜他风雨飘摇甚，留与一枝好护雏。

## 买屋甚惬意不果得

觅得城隅屋数椽，全招远岫到窗边。
楼环嘉树常生静，园有寒蔬可摘鲜。
无奈探囊太羞涩，遂教酬绢费周旋。
长安第宅知多少，瞬息沧桑一慨然。

## 俗事劳人感而作此

无谓尘缘苦苦侵，无多岁月去骎骎。
除非甚愿归原好，少即多情老更深。
旧事荣枯形幻梦，新交毁誉岂知音。
最嫌剥啄声声唤，悔不卜居□□林。

## 感怀

内患蒙茸外侮侵，眼前处处祸机深。

无聊妄想还乡乐，到底难忘恋阙心。

云出无心真返岫，鸟思倦翮懒争林。

我躬不阅遑言后，伯道清愁莫再寻。

除却纲常系此身，眼前事事总非真。

也知自觅家庭乐，借问谁为骨肉亲。

精力消磨循例事，交游痛痒不关人。

筋骸纵得粗康健，此后光阴有几春。

（此三诗当是庚寅辛卯闲居京师时所作，时先生年五十余矣。书注。）

## 示旧仆王云

呵斥曾无怨，还依旧主人。

不嫌予屡空，难得汝来亲。

恋旧辞通显，抛家愿苦辛。

愧非萧颖士，负汝爱才身。

数月来多拂意事，颇觉心动，大错矣，大错矣。亟取黄庭读之，顿觉六根尽净，万虑皆平，但知非即改，且于修身克己不无裨益。口占七绝数章，聊以自遣。

扰攘尘凡数十春，可怜处处尚荆榛。
跼天蹐地何时了，犹是黄粱梦里人。
尘缘摆脱也知难，略惹尘缘便胆寒。
一编展诵玄玄集，顿觉胸襟海样宽。

我笑世人惑路歧，世人笑我路多迷。
谁知彼此都成错，五十休将百步嗤。

人言谓我脑筋枯，遇事善忘信不诬。
我听斯言无可辨，人生难得是糊涂。

应事何尝想认真，聊随同类强铺陈。
我无真意人尤伪，彼此原来是哄人。

苦苦甜甜已遍经，漫将尘累役吾形。
及今摆脱非为晚，尚有工夫养性灵。

百年已度七十三，除却餐眠何所贪。
只要胸中渣滓净，离尘奚待结茅庵。

## 壬癸年间种竹都活，今夏自鄂归里，率多枯槁，感而赋此

去时千个绿成窠，今日清阴减却多。
笑口索他开未得，何堪雨助泪滂沱。
落了高标本性生，也无依傍也无荣。
主人一去园丁懒，谁把霜筠为养成。
报我平安两度春，琼枝玉叶好丰神。
如君劲节还憔悴，况是衰年久病人。
此君一日不能无，隙地阶前尚有余。
且待新雷催好雨，呼童移种补墙隅。

## 感时二首

又被人言蛊惑深，徒贻笑柄悔难禁。
艰危世界空蒿目，顽固官僚病丧心。
欲从大陆寻安土，但祝皇天遍雨金。
长安闻道如棋局，杜老陈编不敢吟。

长征甫得卸征车，胡不容人喘息舒。
无事光阴仍局促，有情风月任抛疏。
诗出未必防新政，游钓经难恋旧居。
我欲逾垣师往哲，春秋责备愧何如。

## 湛轩晚香玉数枝随置枕上，宵分香气尤烈，拈此用却睡魔

信手拈花置枕旁，困人天气梦魂香。
醒来恐被风吹散，呼婢休将碧幔张。
心清妙有香触鼻，何况明明花气袭。
我欲问花参一解，秋香满院寻无迹。

## 书怀

出为霖雨要担当，入卧烟霞要善藏。
笑我尚无真见地，旁人安有好收场。
瓮中酒熟姑谋醉，囊底钱空莫自伤。
欲访明师传秘法，天风渺渺海苍苍。

只扉虽设总常关，那得八公相往还。
才拙休争千载誉，家居幸得一身闲。
酬酣酒向胸襟洒，吟苦诗从角枕删。
静坐旁斋先学静，不知门外有尘寰。

圣贤仙佛本同伦，大道还须近取身。
何必避人兼避世，但能高隐即高真。

全神养气长生药，虚利浮名浩劫尘。
客至衣冠休责我，疏狂习惯懒迎宾。

世事纷如百不谙，戒贪只有道心贪。
浮生早悟炊粱幻，老境休言食蔗甘。
群鸟争枝头懒看，孤云返岫亦怀渐。
悠然颇得渊明趣，却异清流只善谈。

道若登天不易成，纷纷俗务苦相萦。
得逢邋遢行千里，胜以逍遥过一生。
以力伏魔休妄动，即心观妙去昏盲。
后天习气消除尽，自有明师指点明。

## 病后饮食顿加

无端病后成饕餮，观我朵颐亦自佳。
庸胜曹交徒食粟，迂如周择厌供斋。
漫言温饱非初志，毕竟清虚是本怀。
避谷无方仍大嚼，几时冲举脱形骸。

## 寄赠张香涛同年

鄂州小住得依因，大慰飘萍泛梗身。
贵贱交情今乃见，文章结契自然真。
归来陶经犹垂念，羞涩阮囊不虑贫。
独愧不如安邑客，忍将口腹累斯人。

## 臬署观荷

使君民瘼最关怀，听讼余闲兴复佳。
梦草堂中陪一醉，不知此地是官斋。
花犹未尽叶犹肥，贴水亭亭绕四围。
小饮多时看不足，临行乞取数枝归。

晚岁还里，人称曰绅，虽如驽骀，暂受鞭笞，实觉家居备极荣幸，世有求而未得，我则喜而作此。

云懒才归岫，泉清枉在山。

略尝乡宦味，徒抗俗尘颜。

实事惟求是，无官我不闲。

幸承天独厚，赋性最冥顽。

湛轩遗晚香玉一盆，适昼眠初觉，正诵道经，不觉悠然有悟，陶然自足。援笔记之。

正恋北窗卧，忽闻香百和。

遗我玉一茎，洁净不容唾。

幽花如美人，风来娇欲堕。

恐污好颜色，缟衣独自坐。

静对神亦闲，开函补清课。

## 和林赞虞中丞并以送别

我亦苍生爱戴深，何斯棨戟竟遥临。

边隅向化如风草，学校勃兴胜泮林。

事必求详方发纵，才优治剧极韬沉。

福星正朗忽西指，无计攀留拂众心。

（自注：乡人约具呈请留，答以格于例，事遂中止。）

## 伏天即事

萧斋幽寐胜茅庵，兀坐心澄月映潭。

触景敲诗机趣活，有时贪睡梦魂酣。

风将暑退无蝇集，日似年长称尘谈。

天与清福休辜负，闲中领略静中参。

## 菊花盛开，十六弟以牛脯来约，何琴如昆仲同醉，次日作此赠之

偶思小饮特招筵，已是黄昏欲暮天。

自古夜游须秉烛，吾家先哲有青莲。

登高何必苦追攀，万朵攒成四壁山。

富贵排场穷措大，甘心沈醉在花间。

屠门大嚼意忻然，都道持螯数不鲜。

我替黄花真负屈，可能涤去世腥膻。

幸得苏程旧戚来，高谈快语杂嘲诙。

峥嵘喜有凌寒竹，信是西州继起才。

### 七十有三初度自寿

多谢宗亲进一觞，殷勤祝我寿而康。
宁知白发增新恨，惭对黄花有晚香。
痴钝儿心真漆暗，艰虞国步要金偿。
幸喜故人留苦语，长庚星朗小重阳。
（自注：六十初度，张香涛同年赠联有此语。）

正喜餐眠胜旧年，病魔才退恶魔缠。
那来善果邀天眷，但就残龄证孽缘。
身后声名云易散，眼前缺陷海难填。
香山雅会无人续，休为桑蓬作盛筵。

## 去谗

惟口兴戎祸患萌，听言须要察其情。
不疑盗嫂兄安在，曾子杀人母亦惊。
蛇影杯弓滋惑惧，蜃楼海市宛生成。
问明圣训昭千古，谮诉由来总不行。

## 即事

天生万物有天机，草草劳人领略稀。
正午风凝群雀起，初更月上数鱼依。
要从静里无心过，便觉闲中逸兴飞。
即景遣情真自在，恍然今是昨都非。

## 闻人言自解

习静何关养性灵，甚衰未肯过劳形。
人言自大诚虚语，我病非真亦误听。
无事悠悠闲白日，有时默默诵黄庭。
合群最好居乡法，何必矜矜判渭泾。

## 秋菊杂咏

吾爱吾庐只立锥，种花无地可编篱。
秋来也对秋芳饮，全赖亲朋好赠持。
铜瓶随插两三枝，人与菊花那暂离。
怪我尘缘犹未尽，形神相对不相宜。
菊花天气最难晴，傍晚回廊往复行。
细数枝头开几朵，蒙蒙月上不分明。
一夜潇潇雨未停，深怜盆蕾减芳馨。
生来傲骨原无恙，不似春花落满庭。

## 雨前

阴雨前宵又昨朝，傲霜风节亦飘摇。
扶持尚赖竹君子，聊藉一枝免折腰。
冒雨寒英次第开，赏秋无处觅香醅。
偷闲姑向篱边望，恰好逢人送酒来。
层英被雨似开残，移置前阑与后阑。
自引壶觞窗下酌，醉横两眼两边看。
一生爱菊爱清高，未必菊花果姓陶。
我爱陶诗兼爱酒，醉余对菊便挥毫。

## 读陶渊明集

布帛文章清且真，先生宁是一诗人。
庶乎屡空自耕读，邈焉寡俦无喜瞋。
暂现宰官终处士，深防异代作遗民。
山林素裕经纶志，惜不逢时但隐沦。

## 感时

学派何分旧与新，纷纷聚讼究何因。
绝无思想皆顽党，略得皮毛作解人。
可惜尊荣安富辈，甘为奴隶马牛身。
若问后来真结果，波兰印度是前尘。

## 书怀

余痛犹悲孟母机，白云回首思依依。
卅年宦海成残局，一卷闲书送夕晖。
德裕筹边原乏术，渊明迷路已知非。
只愁片土无干净，纵得还家不算归。

## 答陈哲甫观察

不是贾生少壮年，谪居那得古今怜。
独君不惜广长舌，谓我宜得艰巨肩。
默揣孱躯殊惫甚，纵邀宽诏亦徒然。
置身蓬颗无余望，□□□□自在天。

## 自问

闭门索句心徒苦，伏案观书眼损明。
自问余生何所事，只堪习静与闲行。
看花足乐易飘零，饮酒消愁易沉醉。
自问余生何所宜，惟有加餐与酣睡。

## 赠何季纲表弟

书田难得兆丰年，通变聊将子母权。
霸主事功惟足食，圣门货殖亦称贤。
治生岂曰非儒者，择术何妨法计然。
欲救国贫先自救，萌芽商学要精研。

（乙巳岁，予弟兄议经营商业，先生力赞其成，作此诗以赠。书注。）

刘嘉予太守尝来谈及某公晚年诗，有"老来诸事要安排"之句，其结语也，予喜其入情入理，恰有老人心事口吻。因以结句为起句，及其意作七绝六章。偶遇万不得已之时，又值无可奈何之天，藉以提撕猛省，亦养性却病之一助也。

老来诸事要安排，惟有功名不系怀。
司马岂非贤宰相，被人诬作党人魁。

老来诸事要安排，只有金钱不系怀。
可惜石崇王恺辈，都因豪富招奇灾。

老来诸事要安排，只有妻孥不系怀。
雍纠因何谋及妇，恃他伉俪本无猜。

老来诸事要安排，只有儿孙不系怀。
游夏圣门高弟子，色难不敬况庸才。

老来诸事要安排，只有我身不系怀。
失却本来真面目，更从何处觅形骸。

我原无事要安排，知有甚么可系怀。
除却餐眠抛不得，得兼二者乐无涯。

## 答袁杏村方伯步书车鱼原韵八首

卌年善政不胜书，淡泊将回北路车。
自是朝廷资倚畀，秋风未许恋鲈鱼。

救时厌睹近时书，闭户造成合辙车。
默召编氓咸感化，欣欣乐意验禽鱼。

豪华坐拥百城书，问字无劳数对车。
清恐人知知转众，公庭何待表悬鱼。

余闲得句不停书，僚友纷来问字车。
管领骚坛成小队，一堂雅雅复鱼鱼。

嗜古深藏万轴书，连云充栋汗牛车。
白头倾盖非为晚，愿向公家作壁鱼。

一语为公慎重书，祝公为国缓悬车。
自来大器终成晚，八十蟠溪尚钓鱼。

北阙当年误上书，冰天雪地走飞车。
幸承圣世恩波渥，杯水苏回涸辙鱼。

衰朽荒芜久废书，空空腹笥诮虚车。
雷门布鼓真堪笑，深恐明珠目混鱼。

## 有感用书车鱼韵

寂寞久绝故人书，想见盈门流水车，
欲诉寒暄通一语，南来无雁北无鱼。

休说乐群共砚书，漫夸无憾共裘车。
早知臭味差池甚，深悔当年近肆鱼。

祸缘德薄位尚书，艰苦曾驱雪海车。

荐引昔年空抗疏，进贤深愧直哉鱼。

不临乞米鲁公书，耻下趋迎冯妇车。
淡泊自甘降妄想，可能考老背鲐鱼。

寄情诗酒与琴书，安步优游以当车。
健饭加餐心便足，何须弹铗叹无鱼。

乙巳腊日，偕谢秀山、王仲瑜、刘嘉予、李孟仁、倪俞宣五太守，谢子林直刺，作消寒会，诗以纪之。

六俊齐挥五马鞭，白头忝列竹林贤。
春寒偶饮屠苏酒，腊日争开函丈筵。
老去诗肠原腐朽，宦游文燕亦新鲜。
此生此境如常有，衰态还堪一醉颠。

## 王仲瑜太守将莅普安，作此送别仍叠前韵

一麾果尔著先鞭，来暮应歌叔度贤。
我辈偶为真率会，此行翻作别离筵。
展敷新政无求速，怀保小民要惠鲜。
听到循声喧贯耳，老怀不醉亦狂颠。

## 答袁杏村方伯

生幸同时愿执鞭，棠阴况接使君贤。
多情每助含饴乐，适兴欢于落帽筵。
酒数漫依金谷罚，和章数见玉溪鲜。
萧闲自分同方外，岂意昌黎识大颠。

## 再答袁杏村方伯

吟场驰骋复加鞭，禊事重修继往贤。
视昔视今如合契，一觞一咏漫开筵。
风流老辈人惟旧，明媚春光景渐鲜。
作赋登高公健者，追陪还恐蹶而颠。

## 三答

嬉戏如挥竹马鞭，何期琐琐动高贤。
敢言自领骚坛队，为慕公开护法筵。
人似松乔高且寿，诗如梅蕊冷弥鲜。
主持风雅犹余事，扶我黔黎免困颠。

## 答消寒会诸君仍叠前韵

春寒尚怯□吟鞭，名作多于四十贤。
杨木杯宽惊满座，棣棠诗好咏当筵。
酒兵鏖战标争夺，庖屋增华柳贯鲜。
自笑搜肠无好句，那能神妙到毫颠。

## 自题小像

花一瓶，钟一座；

钟不鸣，花不堕。

有人一个，披袭兀坐。

茶几有时凭，藤床懒去卧。

聊将一卷摊，不求万卷破。

# 四、书信对联

## 李端棻致张之洞书信

香涛四兄同年姻大人执事：

相见苦稀，时变日甚，怀人感事，时用忾然。执事于江汉之间，整顿百废，自强新政，次第举行。天堑藩篱，实赖保障。乃全局之所系，匪惟私幸而已。去腊除夕，敬承厚贶，感谢莫名，早当裁书，用达薄悃。适值岁尾匆匆，公私交迫。前月忽感微疴，为庸医所误，几成大症。缠绵廿日，始见痊可。近中气尚弱，必须谨慎调摄，方能如旧。蒲柳之姿，未秋已零，今更大见衰象矣。来日苦短，奈何，奈何。兹因舍亲梁生启超出都，略陈数语，令彼代答拳拳。再者，梁生乃弟已丑广东所得士。渠曾在学海堂，以文字受知于执事。弟爱其妙龄好学，会试后，以先叔京兆公所遗幼女结婚，近益研精中外之故，所造愈深。彼乡荐时，以乡居鄙远，未及晋谒，而执事已移节武昌。近始远来，补修弟子之职，望赐见之。

梁生并著有《西书提要》一书，仿《四库总目》之例，每书为解题一首，似于新学诸生不为无补。兹求执事一叙，以光卷帙。想承不弃，今嘱其一并呈览。中原多故，需才孔亟。此生于经世之学，讲求颇熟。执事爱才，闻于天下，当必有以教之也。手此仰臆，并鸣谢忱，祇请勋安，统惟心照不宣。

年姻愚弟李端棻顿首。丙申（1896）三月望日自京寓西交民巷泐寄

# 李端棻致梁启超信函

卓如贤弟姨丈足下：

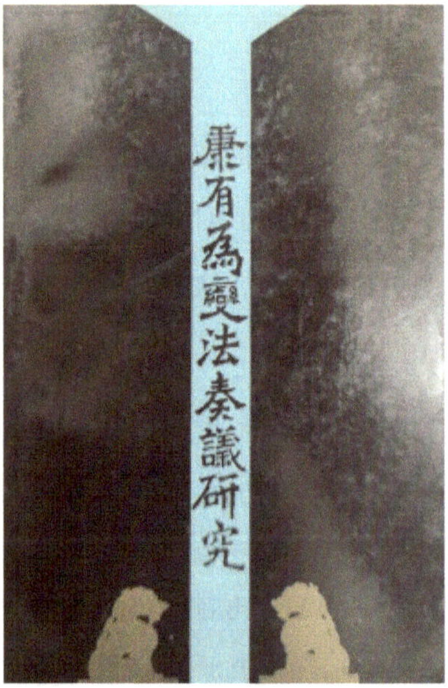


五月二十日接奉十三日寄来华函，正具复间，又接到十五日寄来手书，均已读悉，并悉航海南下，风顺一帆，不逾半月，安抵申江，开馆倡导，启迪聋聩。以足下之才学，何施不可出其绪余，岂特沾溉一方哉？欣甚，慰甚。

冒名假电一节，骤聆之骇人听闻，徐思之实属寻常。嫁祸倾陷，其（与）投递匿名揭帖者奚异？曾忆先叔京兆公云，署中遇此等事，从不究办。粤中大吏犹是人情，岂有不揆情理，不辨真伪，据无据之词，而诬陷善良乎？况例有明文，此等案件，必审实确有证据，毫无罅隙者，方可坐罚。尊事本属莫须有，何必张皇乃尔。惟望禀启堂上，不必惊恐着急。纵官吏查讯，即可具一呈，诉明在京所业何事，侨寓何处，何时出京，逐一剖析，不难水落石出，化险为夷。总之，冒电中所言一切，均云一概弗得知最妙。来信中言：“且人苟作伪，亦安肯自留姓名、住址，以待覆查”云云，即是此事最为关键之语，呈中可将此语附入，则此事不辨自明矣。足下亦惟安心处馆，仍理旧业，逆来顺受，坐镇从容。坚经磨而益彰，白经涅而益泽。多一番挫折，增一分学力，其所以挤人于井者，正所以致汝于成也。……

嗣后来电，亦宜慎重，凡事不寻常，有干吏议者，不可造次。谊虽至戚，势难措手，略布胸臆。……

……

贱恙已于三月底销假，勉强从公，元气未复，偶一劳乏，诸多不适，老态逼人，不堪告慰知己。奈何，奈何！月前所上一疏，饬交礼部、总署会议，准驳尚未覆奏，俟有定议，再为寄知。

——《复梁孝廉卓如书》（未刊稿），转见孔祥吉：《康有为变法奏议研究》第143—144页、233页，辽宁人民出版社，1988年

# 对联

1.我犹未免为乡人，甫邀恩命释回，莫补前愆，敢谓藐躬堪表率。

师不必贤于弟子，所愿英才崛起，突超前辈，庶几垂老睹文明。

——转见钟家鼎《李端棻评传——兼论维新官僚在戊戌变法中的地位与作用》第352页，海南出版社，2004年

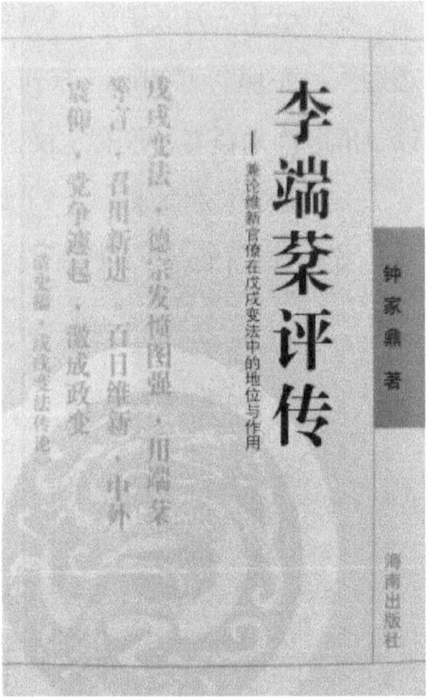


2.沐熙朝未有殊恩，听鸿胪初唱一声，九十人中，先将姓名宣阙下。

喜吾黔久钟灵气，忆仙笔留题数语，五百年后，果然文物胜江南。

——转见钟家鼎《李端棻评传——兼论维新官僚在戊戌变法中的地位与作用》第53页，海南出版社，2004年

（1886年贵阳青岩人赵以炯中戊戌科一甲第一名状元，李端棻时为北京的贵州会馆值年，负责庆祝活动并赠此联祝贺。）

# 他人慧评

## 一、传记评述

### 1.《清史稿·戊戌变法传论》(节录)

论曰：戊戌变法，德宗发愤图强，用端棻等言，召用新进。百日维新，中外震仰，党争遽起，激成政变。锐、光第、嗣同、旭及深秀、广仁同日被祸，世称六君子，皆悲其志。内争不已，牵及外交。其后遂酿庚子排外之乱，终至危亡。此亦清代兴衰一大关键也。

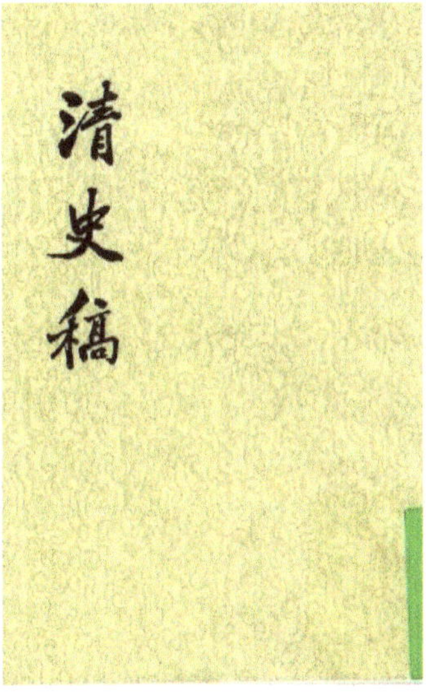

## 2.《清史稿·李端棻传》(节录)

## 四百六十四(列传二百五十一)

李端棻，字苾园，贵州贵筑人。同治二年进士，选庶吉士，授编修，为大学士倭仁、尚书罗敦衍所器。十年，出督云南学政。值回寇乱后，荒服道亘，前使者试未遍，端棻始一一按临，文化渐振。光绪五年，转御史，以叔父朝仪官京尹，回避，改故官。累擢内阁学士。十八年，迁刑部侍郎。越六年，调仓场。前后迭司文柄，四为乡试考官，一为会试副总裁，喜奖拔士类。典试广东，赏梁启超才，以从妹妻之，自是颇纳启超议，娓娓道东西邦制度。

维时康有为上书请变法，兼及兴学。二十二年，端棻遂疏请立京师大学，凡各省府、州、县遍设学堂，分斋讲习；并建藏书楼、仪器院、译书局，广立报馆，选派游历生。二十四年，密荐康有为及谭嗣同堪大用。又以各衙门则例，语涉纷歧，疏请删订，上尤善之，诏趣各长官定限期革前敝。擢礼部尚书。未几，有为等败，端棻自疏检举，诏褫职，戍新疆。中道遘疾，留甘州。二十七年，赦归，主讲贵州经世学堂。三十三年，卒。宣统元年，从云南、贵州京朝官请，复官。

# 《贵州通志·人物志·李端棻传》

李端棻，贵筑人，由同治癸亥（公元1863年）进士入翰林。及为御史，以敢言著称于时。旋因亲叔李朝仪内擢顺天府尹，遵例回避，仍回原衙门供职。出入翰詹内阁，洊升刑部侍郎，调补仓场侍郎，擢礼部尚书。以文学受德宗、穆宗两朝知遇，屡司文衡，一为顺天府乡试同考官，一为会试同考官，一为云南学政。历充山西、广东、四川、山东主考官，所至皆能识拔名宿，文风丕变。其在云南学政任时，值滇乱初平，前任学政所畏难不至者，端棻皆一一按临，期共沐中兴文化。念地方凋敝，则躬先节俭，澈杜需求。终日危坐堂皇，悉心校阅。权豪有以贿赂干进者，辄正色斥去。时值选拔之年，士多寒畯，乃偕总督刘岳昭、巡抚岑毓英，合词请援滇、黔两省举人会试例，给火牌驰驿至京。得旨，准如所请。嗣后滇黔优贡、拔贡赴京朝考，得给火牌驰驿，实自端棻建议始。迨光绪甲午（公元1894年）以后，时势多艰，需才孔亟，端棻时官刑部侍郎，念人才之多寡，系国势之强弱，乃有推广学校之请。疏上，颇蒙德宗采纳施行。其请自京师以及省、府、州、县皆设学堂，则后来停罢科举、专注学堂之办法也。其请府、州、县学，选民间俊秀子弟年十二至二十者入学，则后来各府、州、县两等学堂之办法也。其请自学选诸生二十五岁以下者入学，则后来各省中学堂之办法也。其请京师大学选举贡、监年三十以下者入学，其京官愿学者听之，则后来大学堂、仕学馆、分科大学、法科、财政等学堂之办法也。其请分斋讲习等，其荣选一归科第，予以出身，亦如省官，则后来学部考试京外各学堂暨出洋留学毕业生，与以举贡，殿试奖以进士出身，除授翰林部属等官之办法也。其请设藏书楼，则后来开设图书馆之办法也。其请选派游历，则后来资遣学生出洋肄习新学之办法也。端棻呈递此折在光绪二十二年（公元1896年），是时风气未开，已能切中窾要如此，宜其渥荷德宗优鉴也。

端棻回籍后，贵州巡抚延主经世学堂讲席，谆谆以开通风气、导引后进为要务。按月两开讲演，教以立身敦品根底之学，备他日朝廷器使。及其临殁前日，犹谆属子弟出资，捐助学堂经费。又念尚节堂为风化所关，亦令子弟措资捐助。其系心公益，谊笃桑梓，乡人士至今犹称颂之。初，端棻以戊戌案被谴，革职遣戍新疆，二十七年（公元1901年）恩赦回籍，三十年（公元1904年）开复原衔，三十三年（公元1907年）病卒。经滇黔同乡翰林院学士许泽新等奏请开复原官，许之。

——《贵州通志·人物志·李端棻传》第201页—202页，贵州人民出版社，2001年

## 沃丘仲子《近代名人小传·李端棻》

予初见之丁文诚座上，一恂谨书生耳。及甲午谒于京师，颇论时事，娓娓道东西洋制度。退而咨其所亲，盖曩典试广东得才士梁启超，近以女弟妻之，所论皆纳梁议。启超，南海圣人弟子，拟之为颜回者也。戊戌果频上封事，请汰冗官，删则例，立学堂，帝皆嘉纳。擢礼部尚书。政变，并张荫桓戍新疆，光绪末释回，家居数年乃卒。字苾园，贵筑人。在戍日，予馈以资。复书字画整润，胜于平昔，且言法苏轼。务养生，起居皆有节制。是诚能处艰困者，宜其后荫桓死矣。

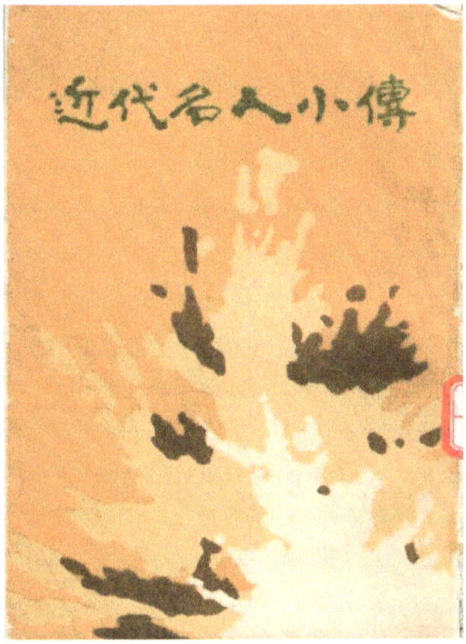

## 《清代贵州名贤像传·李端棻》

李端棻，字苾园，贵筑人。幼孤，依母以育，而季父朝仪实教养之。朝仪以学问吏治闻于时，以古圣贤之教率其家。于群子姓中爱端棻独挚，所以督课之者良厚。故端棻立身行事，大节凛然不可犯。弱冠补博士弟子员。同治癸亥年二十九岁，以联捷成进士，入翰林。其时大学士倭仁方倡程朱之学，以励末俗。端棻受其熏陶，而德以大进。丁卯典山西试，庚午分校顺天乡试。壬申督云南学政，时滇乱甫戢，民生凋悴。端棻校士之暇，辄为疆吏筹教养诸大政，多所赞画。有骄将以重贿为子弟干进，端棻正色斥之，风烈振厉。总督岑毓英敬礼有加，欲荐仕滇藩，共靖滇宇，端棻辞焉。旋以忧归，服阕入都，迁监察御史。以朝仪尹京兆，回避反词曹。光绪己丑，以内阁学士典广东试，辛卯典四川试，甲午典山东试，壬辰副会试总裁，历迁刑部侍郎，权工部侍郎，补仓场总督。戊戌七月授礼部尚书，未逾月而遣戍之命下。端棻之为言官也，以直声闻。筹海防，论武备，拳拳焉几国耻之一雪，其议大礼一疏益言人所不敢言，识者谓司马光欧阳修之濮议皆不及焉。其历次典试，所拔擢皆一时知名士，世亦以比庐陵。梁启超其尤著者也。典试广东时，既识启超于众人之中，复妻之以妹。其后启超所以效用于国家者甚大，人服其有知人鉴。其权工部也，监修陵工，前此奉职者率以侵冒为固。然端棻严绝苞苴，同列惮之，官纪一肃。其督仓场也，睹漕运之极弊，抗疏请尽撤漕仓诸官，而身乞退职，以为之倡。夫在前代交通未开，设官挽南漕，以饷京师，固非得已。然岁縻国帑千万，豢冗吏，利已不胜其病。海运既通，漕员益成赘疣，人人知其敝而莫肯言。端棻倡汰冗官之议，而所汰则请自隗始，盖所知者国家之厉害，而藐躬未遑计也。国家既可其奏，益鉴其诚，遂为春官长。当是时，清廷精励图治，兴利革弊，日不给。求贤才若饥渴。端棻感于时机迫切，非变法不足以国强，因抗疏请大改官制，设立法之府，尽举所知以进。未几大狱兴，党祸作，遂有新疆之谪。端棻既远戍，而庚子之乱旋作。身在戍所，耻国威之堕落，国权之凌夷，以其忠爱发为时歌。其后大难粗靖，清廷痛定思痛，渐谅其忠，畴昔建议往往见诸施行，遂得赐环，旋复故秩，而年固已老矣。既返里，主讲席，犹复以奖励后进，开通风气为己任。时本省铁路矿产涎者数国，端棻以利器不可假人，民膏不可外溢，首倡自办，以杜隐忧。盖其为国为民之心历数十载如一日也。生平制行方正，而和以待人。自奉淡泊，而博施济众。服官数十年，所得俸钱咸散诸亲旧。其视诸从昆弟诸从子如己，饮食衣服相共也。性至孝，以母茹贫抚孤，备尝荼蘖，既得禄养，先意承志，靡所不至。事朝仪如父，鬓斑白犹孺慕如幼年云。生于道光十三年九月初十日，卒于光绪三十三年十月十二日，年七十五有五岁。葬贵阳大光口。惕安于丁未八月得见于达德学堂纪念会场，侍者二人扶掖登阶，双目炯炯如电，蹑朱履，袍色蔚蓝，须髯若雪，时距梦奠继二月耳。及今追思，老辈风徽，至深引慕。

——凌惕安：《清代贵州名贤像传》第一集第四卷

# 附录:《翰林院学士许泽新等请将已故开复原衔礼部尚书李端棻开复原官折》

翰林学士许泽新等呈都察院文

呈为已故革职大员宣力有年，一(不掩，理合吁垦天恩开复原官职呈请代奏事。

窃查已故开复原衔革职礼部尚书李端棻，于光绪二十四年四月因滥保匪人，自请治罪，奉旨革职遣戍新疆。二十七年恩赦回籍。三十年恩诏开复原衔，三十年身故。尝经奏报在案……该革尚书回籍后，贵州巡抚延主经世学堂讲席，谆谆以开通风气导引后进为务。按月两开讲演，教以立身敦品根抵之学，备他日朝廷器使，及其临没前数日，犹谆嘱子弟出资捐助学堂经费.又念全节堂为风华所关，亦令子弟措资捐助，其关心君国，谊笃桑梓，乡人士至今犹称颂之。职等窃查戊戌案内谴斥大员，如已革户部尚书协办大学士翁同稣，已故永不叙用。湖北巡抚曾某某，经臣工奏请仰荷皇上天恩，并准开复原官，薄海臣民同声感颂，李端棻起家词臣，效力最久，目击时艰，志切献替，惜其徒报爱士热诚，未能预精知人藻鉴，致蹈愆尤，然不待天罚之及，自请治罪，则其试虽昧，而心究可原。姑予薄惩，旋邀恩旨，两宫固鉴原之。我皇上迪绍前光，赦返宥罪，体上天降鉴之心，定罪疑惟轻之令。职等籍隶滇黔，谊属同壤，于李端棻服官居乡事迹见闻较确，用敢联名具呈，据实直陈，伏乞据情代奏，仰求酌量加恩，不胜悚惶待命之至。谨呈

附朱批，宣统元年十月二十七日，奉谕旨都察院奏代递翰林院学士许泽新等请将已故开复原衔礼部尚书李端棻开复原官一折，李端棻加恩开复原官，该部知道，钦此。(《翰林院学士许泽新等请将已故开复原衔礼部尚书李端棻开复原官折》，文通书局。)

# 《历代黔贤传略·李端棻》

李端棻字苾园，贵州贵阳人。生清道光十三年（公元一八三三），卒光绪三十三年（公元一九〇七）。年七十五。

同治壬戌，举顺天乡试。癸亥，联捷成进士，官翰林院编修。丁卯，典试山西。庚午，分校顺天乡闱。壬申，提督云南学政。旋丁母艰里居。服阕入京，迁督察院监察御史。未几，以叔朝仪任顺天府尹，例回避，仍入翰林。光绪己丑，以内阁学士典广东试。辛卯，典山东试。壬辰，任会试副总裁，迁刑部侍郎，转工部，总督仓场。二十四年，戊戌，授职礼部尚书。是年，政变，以曾荐梁启超革职，（一）遣戍新疆。二十七年，赦归。三十年，开复原衔。寻殁，复其官。

端棻早孤，季父朝仪实教育之。朝仪，道光进士，官至顺天府尹，道学吏治闻于时，恒以往哲遗训淑其子弟。端棻事母孝，自幼即知修身立品。洎入翰苑，值倭文端（二）罗文恪（三）方倡程朱学，以厉末俗。端棻从之讲求，品学愈粹。服官数十年，正色立朝，凛乎不可干以私。典试各省，多得真才。为滇学政，当匪乱初戢，民生惆悴，于校士之暇，辄为疆吏筹教养诸大政。有骄将某，以重贿为子弟干进，厉色斥责，士林为之整肃。复以滇黔距京过遥，选优拔者，多寒畯士，往返乏赀斧，乃与督抚合疏入告，请援举人会试例给火牌（四）驰驿，许之。

为御史时，以直声著称，所言均以雪国雪耻为务。其议大礼一疏，言人所不敢言，识者谓比司马光欧阳修之濮议，（五）更为剀切。

清代修陵，耗费最巨，监修官吏，率以侵冒为当然。端棻权工部，董督陵工，力剔中饱，严禁苞苴，属官相戒敛迹，积弊为之一清。初，海运未通，设官挽南漕以饷京师，岁縻国帑数百万，徒饱奸胥，弊窦百出。然别无他途，无可如何。海运既畅，漕员直成缀疣，早已应归裁汰。然在漕者，方资为利薮，力加掩饰，以图久存；其他官司，则畏树怨而不敢直言，恶习相沿，积重难返。端棻督仓场，抗疏请尽裁漕仓诸官；并先乞引退以为之倡。朝廷可其奏，岁省虚縻巨万。

甲午以还，（六）时势多艰，德宗鉴于日本明治维新之成效，思有以发愤图强。乃下诏求通达中外、能周时用之士，所在咸令表荐。然当时母后专政，内外臣工，多庸腐无识，于新政建设，毫无所知。诏下数月，应者寥寥。端棻时官刑部侍郎，念人才之多寡，系国势之强弱，乃有推广学校以励人才之奏。下部及总理衙门议复，后皆见诸实施。其请自京师以及省府州县皆设学堂，则后来停止科举、遍设学校之办法也。其请府州县学选民间俊秀子弟年十二至二十者入学，诸生以上欲入学者听之，则后来各府州县两等学堂之办法也。其请省学选诸生二十五岁以下者入学，举人以上欲入学者听之，则后来各省中学堂之办法也。其请京师大学选举贡监年三十以下者入学，京官愿学者听之，则后来大学堂、仕学馆、分科各专门学堂之办法也。其请分斋讲习，等其荣途，一归科第，予以出身，一如常官，则后来学部考试各学堂既出洋留学毕业生，与以举贡，及殿试奖以进士出身，翰林部属等官之办法也。其请设藏书楼，则后来图书馆之办法也。其请选派游历，则后来资遣学生出洋肄习之办法也。其他请创仪器馆，开译书局，广设报馆，皆为新政急务，其后中央或各省无不次第施行。端棻上此疏时，风气犹未开，而能洞见症结，切中窾要，后此当局设施，举不能出其范围，岂非所谓识时务之俊杰者与！无如当时政局腐败，虽其越人之特识，卒被一般无识者流，乘机排摈，不得行其志以去，惜也！

及由戍所赦回，主讲贵州经世学堂，仍谆谆以开通风气，导引后进为务。黔中铁路矿产，涎者数国，国内奸人，亦欲借外资以牟利。端棻常谓利器不可假人，民膏不可外溢，力倡自办之议；事虽未就，而奸谋永塞。卒前数月，犹贻书梁启超曰："昔人称有三岁而翁，有百岁而童，吾年虽逾七旬，志气尚如少年；天未死我者，犹将从诸子之后，有所尽力于国家也。"其识时忧国，老而弥笃如此。

（一）清帝与康有为梁启超等议行新政，慈禧太后怒，复临朝，杀谭嗣同等六人，康梁走免。事详梁启超《戊戌政变记》。启超为端棻典试广东所取士，奇其才，以妹妻之，并力荐于朝。故启超获罪，端棻亦被牵及。

（二）倭仁，姓乌齐格里氏，字艮斋，蒙古正红旗人。清道光进士，累官文华殿大学士，卒谥文端。精研义理之学，好宋儒说，以力行为主。

（三）罗惇衍，字星斋，号椒生，广东顺德人。清道光进士，官至户部尚书，卒谥文恪。生平讲学与倭仁齐名，时有北倭南罗之目。

（四）火牌为符信之一。清制，凡兵役驰驿者，给以火牌，以为沿途具领口粮之证，由兵部每年发给督抚提镇。后云贵举人入京赴会试者，皆给以火牌，所过州县供其费用。

（五）宋英宗为濮安懿王子，仁宗崩，入承大统。即位后，诏议崇奉濮王典礼，时司马光欧阳修均与议。清光绪帝本醇亲王奕譞子，入嗣文宗，故亦有议大礼之举。详宋史及东华续录。

（六）清光绪二十年，甲午，因朝鲜事，中国与日本作战，败绩。定《马关条约》，即不平等条约之一。

# 二、悼启墓志

## 清光禄大夫礼部尚书李公墓志铭

梁启超

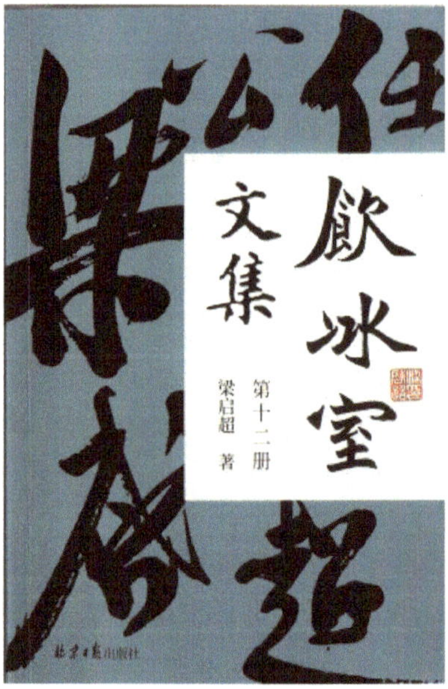


启超以光绪己丑受学贵筑李公，旋婿公妹，饮食教诲于公者且十年。戊戌，启超以国事获罪，走东瀛；公亦以同罪戍西域，遂不复相见。又十年，而公薨于里第，海内识与不识，罔不叹悼，顾哀感未有如启超深者也。公讳端棻，字苾园，其先湖南衡州府清泉县人。曾祖某，祖某，俱赠顺天府尹，复赠公官，祖始徙黔，乃籍贵阳之贵筑。父某某，以公贵，赠如其官，母何氏，赠一品夫人。公幼而孤，依母以育，而季父京兆公朝仪，实教养之。京兆公者，启超外舅也，以道学、吏治闻于时，事具国史《本传》。京兆公既以古圣贤之教率其家，而于诸子中爱公独挚，所以督之者良厚。故公终其生立身事君，大节凛然不可犯，一如京兆公。弱冠，补博士弟子员。同治癸亥，年二十九，以联捷成进士，入翰林。倭文端、罗文恪方倡程朱学以厉末俗，公咸从，奉手有所受焉。丁卯典山西试，庚午分校顺天试，壬申督云南学政。时滇乱甫戢，民生凋悴，公校士之暇，辄为疆吏筹教养诸大政，多所赞画。有骄将以重贿为子弟干进，公正色斥之，风烈振厉。巡抚岑襄勤公敬礼有加，欲荐仕滇藩，共靖滇宇，公辞焉。旋母太夫人弃养任所，公哀毁骨立，奉梓归里，振贫恤匮，族（讴思。服阕入都，迁监察御史。未儿，京兆公尹京兆，回避返词曹。光绪已丑，以内阁学士典广东试，辛卯典四川试，甲午典山东试，壬辰副会试总裁。历迁刑部侍郎，权工部侍郎，总督仓场。戊戌七月，授礼部尚书。未逾月，而遣戍之命下。公之为言官也，以直声闻，筹海防，论武备，拳拳焉儿国耻之一雪。其议大礼一疏，益言人所不敢言，识者谓司马文正、欧阳文忠之濮议皆不及焉。其历次典试，所拔擢皆一时知名士，世亦以比庐陵。其权工部也，监修陵工，前此奉职者，率以侵冒为固然。公严绝苞苴，同列惮之，官纪一肃。其督仓场也，睹漕运之极弊，抗疏请尽撤漕仓诸官，而身乞退职以为之倡。夫在前代交通未开，设官（南漕以饷京师，固非得已。然岁糜国帑千万，豢冗吏，利己不胜其病。海运既通，漕员益赘疣，人人知其敝而莫肯言，则甚矣，积习之中人烈也！公倡汰冗官之议，而所汰则请自隗始。盖所知者国家之利害，而藐躬未遑计也。呜呼！忠矣。

天子既可公奏，益鉴公诚，遂受特达知为春官长。是时，朝廷宵旰图治，兴利革弊，日不给，求贤才若饥渴。公既抗疏，请大改官制，设立法之府，益尽以人事君之道，举所知以进。未儿，疑狱兴，党祸作，天子惓念重臣，不忍加斥，而吏议持之，遂有新疆之谪。呜呼！古名臣大儒，其遭遇与公一辙者，何可胜道。后之良史，未或有私焉。公夙性恬退，得失久置度外。鞶带之褫，不足为公辱；俎豆之名，不足为公荣。独其所策国家百年大计，蹶于中道，未获睹其成而赍志以殁。此则公所为不瞑于九京也。公既远戍，而大乱旋作，胡骑犯阙，乘舆蒙尘。公在戍所，不忧一身之阽隍，而忧君父之不即安；不耻恶衣恶食，而耻国威之坠落，国权之凌夷，以其忠爱，发为歌诗。盖左徒之在江潭，拾遗之窜同谷，志洁言芳，后先同揆矣。天心悔祸，大难粗靖，朝廷痛定思痛，渐谅公忠，畴昔建议，往往见诸施行。遂命赐环，旋复故秩，而公固已老矣。既返故里，主讲席，犹复以奖厉后进、开通风气为己任。黔中铁路、矿产，涎者数国，公以利器不可假人，民膏不可外溢，首倡自办以杜隐忧。盖其为民请命之心，历数十载如一日也。距梦奠前数月，犹寓书启超曰："昔人称有三岁而翁，有百岁而童，吾年虽逾七十，志气尚如少年，天未死我者，犹将从诸君子之后，有所尽于国家矣。"呜呼！廉将军之善饭，马伏波之据鞍，以今方古，岂曰夐绝。天不憖遗，夺我元老。悲夫！

公制行方正，而和以待人；自奉淡泊，而博施济众。服官数十年，所得俸钱，咸散诸亲旧。其视诸从昆弟诸从子如己，饮食衣服相共也。性至孝，以母夫人茹贫抚孤，备尝荼蘗，既得禄养，先意承志，靡所不至。母逝，痛哭绝而苏者再。事京兆公如父，发斑白犹侍膳，作舞彩戏云。娶傅氏，续娶王氏，皆赠封一品夫人。先公卒，早岁生丈夫子、女子子各二，俱不育。从弟端榘子葆忠嗣，有孙一人，曰心良。公生于道光十三年癸巳九月初十日，薨于光绪三十三年丁未十月十二日，春秋七十有五。翌年戊申三月十二日，葆忠奉其丧，葬于贵州省城大关口先人之茔。驰书日本，乞启超为铭。铭曰：

神州赤县一发危，立宪期成庶起衰。议院之议畴倡之，觥觥李公超也师。黄钟声洪里耳眙，七十荷戈征西鄙。归来幽怨托江蓠，大业不就鸣以诗。其言将行其人萎，功耶罪耶良史知，潜德或闼征此辞。

——《饮冰室文集》第十二册 北京日报出版社

# 祭故礼部尚书苾园李公文

康有为

惟光绪三十四年三月十九日，康有为谨于绝域陈中华馔设葡萄酒，设故礼部尚书苾园李公之位，祭而哭之曰：

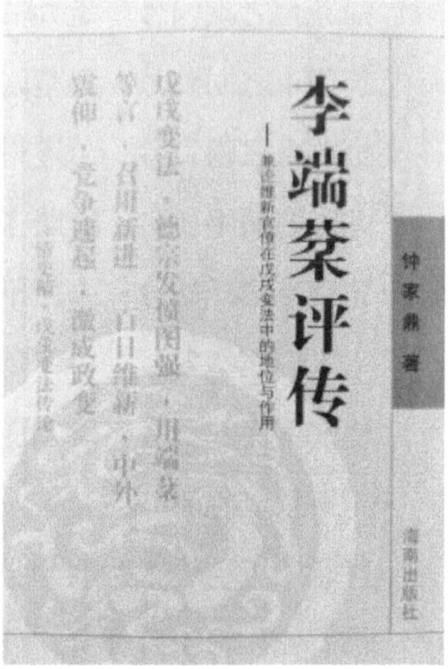


呜呼！

维新之艰难兮，公缔其始。

惟党狱之钩锢兮，且痛荷戈边鄙。

渺沙碛之漫天兮，扬大风而目眯。

戴冰天而履雪窖兮，冻云漠漠而不起。

袭壮夫而瘃指裂肤兮，况寒侵夫暮齿。

回睨乡国其何所兮，莽长天之万里。

玄伤岁月之绵□兮，历三年之时序。

思君门而九重兮，念妻孥而何倚。

缅邈隔越而不得见兮，空想像于梦寐。

时噩耗之惊告兮，心震慄而不已。

类鱼鸟之在网罗兮，若鱼肉之在砧儿。

伤惊魂之难定兮，渺难定夫生死。

惟公峨宗伯之端冕兮，播笏庙堂而抗议。

百僚奔走而仰视兮，听上卿之挥指。

自木天之翔步兮，乃文衡之数弭。

督漕粟之万艘兮，上星辰而听履。

夫何至谪戍之险难兮，惟鄙人之所以。

惟忧国如在疚兮，乃爱才而倒屣。

策变法而累抗疏兮，发维新之大旨。

请决军国之大计兮，论煌煌而纲纪。
帝心简而长春官兮，惟耆英之是倚。
谓予国士可托国兮，扬王庭而誉美。
乃剡章未旋踵兮，忽政变之祸起。
日月忽其幽暗兮，帝座惊而移徙。
痛尧台之幽囚兮，走九关之缇骑。
痛柴市之同归兮，怨楚囚之投畀。
惟匪人之误荐兮，公遂得罪于大理。
几幽蹇而不还兮，道路多传以忧死。
望京邑之丘墟兮，夫何不魂惊而神沮。
幸玉门之生入兮，得休黔水之故里。
望复辟而起公兮，赓明良而燕喜。
再捧杖以驰驱兮，光大业于新史。
岂意宋玉宅中之悲歌兮，遂永诀于千祀。
惟悲恻伤悼于肝肺兮，痛□贻累乎知己。
念维新之光焰万丈兮，赫赫元老于青史。
祈中国之长生兮，岂计祸难之觏止。
神灵当顾而无憾兮，又何必悲夫谪戍。
惟庸庸之厚福兮，安富贵而无可纪。
虽位极于公卿兮，与草木而腐靡。
惟贤豪之遘难兮，乃自三古而多矣。
钩甘陵之南部兮，惟黔水之大旗泥泥。
与日月而同光兮，惟神上骑夫箕尾。
哀陈祭于穷发绝海兮，奠葡萄酒而设琼茅儿。
惟神无不之兮，尚远歆其芳旨。

**呜呼哀哉！尚飨。**

——转引自钟家鼎《李端棻评传——兼论维新官僚在戊戌变法中的地位与作用》

# 三、诗词书信

## 赠李苾园阁部

翁同龢

苔岑一气墨缘深，

差喜联镳琐院临。

四省频年持使节，（君历典晋、粤、蜀试，又督学滇南——自注）

几人两度入词林。（君任台谏，以回避再入翰林——自注）

高文竟说传衣重，

昔梦空嗟折戟舵沈。（君为先兄文勤所取士——自注）

闻道且兰旧桃李，

至今犹识爱才心。（先兄任贵州学政时及门士今在者无几——自注）

（《瓶庐诗稿》卷五）

——谢俊美编《翁同龢集》（增订本）（三）第1158页，中华书局。

※此诗写于1892年5月6日（光绪十八年四月初十日）。李端棻为翁同龢长兄翁同书任贵州学政时的门生。翁同书在《使黔日记》中记述其查考贵阳阳明书院时发现诸生李端棻“文思敏捷，非常才可比”。（谢俊美《翁同书传》，华东师范大学出版社1998年版，第39页。）

# 黎汝谦致李端棻两封书信

## 1.《上仓场侍郎李苾园书》

自别风徽，于今数载，企慕之念，与日俱深。恭维老伯大人，望重清时，名高当世。当此时事艰难之会，专望变通政治以济倾危，其有二三豪杰之士，足有大用于天下者，知明公必洞鉴于胸中矣。

夫事有不当言而言者，诚过矣；有当言而不言者，过愈甚矣。方今时势维艰，需才孔亟。凡卓卓有为之士未经达于朝廷者，明公固当拔而出之。其既达于朝者，尤当推而挽之。俾其挽将衰之运会、济社稷之安危，此古大臣之风也。

汝谦奔走风尘，阅人多矣。海内之士，耳目之所及，其可以挽回国祚、拯济生民者（康）君（有为）殆其人也。某君学有渊源，言无虚泛。汝谦虽未见其人，而观其所作，决非时俗梦梦之流。尝以其不得大用于天下为惜。乃者，朝廷奋发振兴，旁求俊乂。（康有为、梁启超）二人，均一时优予录用。圣天子求贤如渴，可谓千古一时。窃以为斯人一出，天下大局必焕然一新。

乃廷臣犹有习见拘墟，排斥诬诋，如某大宗伯者。夫某君之为人，天下人望之若祥麟威凤，方谓斯人不出，如苍生何！乃公卿大臣，既不能汲引于前，上体圣明求贤至意，反多方排斥，信口蔑诬，力摈而弃之，是自绝于天下也！汝谦观其奏议，不胜发指。徒以区区末秩，无可如何，惟有咨嗟太息而已！

明公位列贰卿，力可荐贤。愚以为当有一言上陈，主持公论，使如（康）君辈有用之才不致废弃，斯不负大臣以人事君之义。明公若能保荐其人，是明公之名且重于天下后世；明公而不荐其人，吾恐其或见轻于天下后世。此汝谦所谓"当言而不言者，过愈甚"之谓也。幸留意焉。汝谦不揣愚昧，妄进刍言，不胜惶恐之至。

——黎汝谦《夷牢溪庐文钞》

## 2.《再致仓场侍郎李苾园书》

敬启者：汝谦前者不揣愚陋，谬贡一书，以荐达（君((为请，计蒙省览。书发后，复自悚惧，恐有不当于先生之心。继而思之，先生位列上卿，有以人事君之义，当博求贤俊，以赞成维新之政。今上赫然奋发，屡诏求贤，大开拘禁忌讳之陋习，千载一时，古今罕觏。而谓无所可举，不亦蹈“焉知贤才”之诮乎？故敢渎陈，为尘壤之助。

今日中国，贫弱极矣。惟弱故贫，因贫愈弱。华人生计，半被夺于西人，年丰而啼饥、岁稔而号寒者，所在皆是。蒿目时艰，仁人所痛。况当百度维新之日，帑藏匮乏之时，若不亟思变通，穷源竟委，稽古仿今，虽有圣哲，亦将束手。今之言致富强者，大抵曰农商曰矿务。其言非不是也，然皆成功迂缓非十数年后不能收效。

汝谦尝以为：当今救贫之道，莫如仿美国、日本之行钞。钞票一行，则国用不绌，民困自纾，而富强之基亦易渐立。顾或谓咸丰初年亦尝行钞矣，其后卒不能行，已可概见。不知当日之不能行者，以法之不善，非钞之不行也。上之取于民者以金银，行于下者以钞票，是自行之而自废之，阳行之而阴遏之，无怪其不能行矣。如坚之以信，持之以恒，国家收钱粮关税一概收票，则民亦何乐而不用哉？如老伯表而奏之，请由户部精造钞票。由一毫至五百元为止，颁之各省藩司，下之府州县，州县下之钱店。限三月后，凡关税钱粮，一律改收钞票。如此，则一二年间，钞票遍于海内，人皆乐其清简，便于取携，有如风行草上矣！京师湖南钱店、上海银号钱庄所出之票且人人乐用之，以国家之力、帝王之富而谓不能行，其谁信乎？汝谦前在日本，见其国中金银整竭，全用纸币，其商贾士庶买卖货物均喜用票而不用银。其国家若购外洋器物即以纸币收买，百姓货物售之西人，两相交易。故其国虽无金银，而国与民均不困，十数年间逐以大富。此已然之效也。

汝谦昔有《时议》三十则，印刷未成。兹先行录钞一条寄上，祈采择焉。若遂举而行之，实救时之良法也。惟先生留意焉，天下幸甚！斯民幸甚！

——黎汝谦《夷牢溪庐文钞》

# 四、札记它述

## 《清德宗实录》(节录)

詹事府少詹事李端棻、御史熊景钊奏贵州地瘠民贫，饷糈不足，拟请改隶川督兼辖，并请将云贵总督改为云南总督，裁撤巡抚一折。国家设立行省，均系因地制宜，岂可轻议更改。至所称贵州岁需的饷由四川拨给，实以丁宝桢籍隶贵州，故能竭力图维一节。黔饷系户部奏明指拨，丁宝桢遵旨办理，并非专顾桑梓私情，该少詹事等遽谓丁宝桢迁调他省，饷需必致延宕，识见殊属浅陋。所奏著毋庸议。(《清德宗实录》卷222)

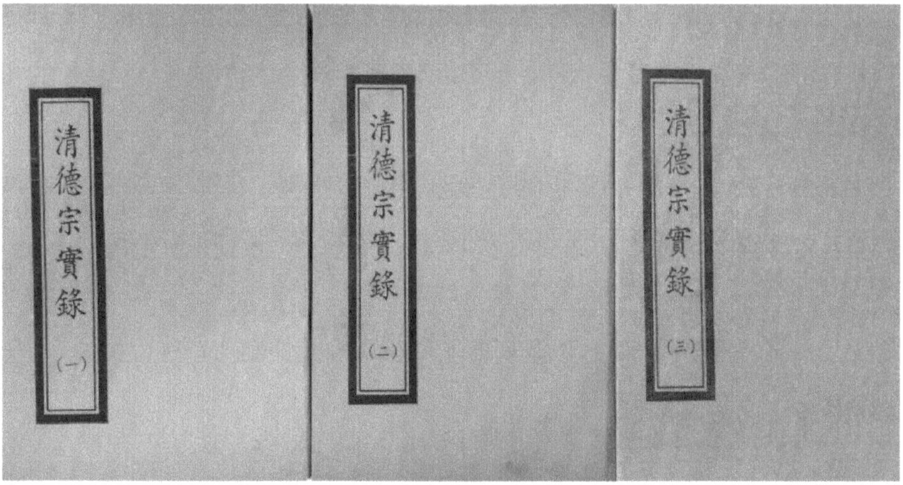


光绪十八年三月……甲子，以户部尚书翁同龢为会试正考官，工部尚书祁世长、内阁学士霍穆欢、李端棻为副考官。(《清德宗实录》卷309)

…… 光绪十八年十月 …… 丙子 …… 以内阁学士李端棻为刑部右侍郎 ……（《清德宗实录》卷317）

光绪二十年正月，因慈禧六旬“推恩懋赏”，刑部左侍郎李端棻等“交部议叙”。（《清德宗实录》卷332）

二十年二月，因“陵寝营房房规制未加详考，遽听该商人呈请拟办各节”，“兵部右侍郎徐树铭、刑部左侍郎李端棻均着交部议处”。“降二级留任处分”。（《清德宗实录》卷335）

二十一年六月 …… 亦都察院左都御史徐甫为兵部尚书，仓场侍郎许应骙为都察院左都御史，调吏部右侍郎廖寿恒为仓场侍郎，工部左侍郎汪鸣銮为吏部右侍郎仍兼署刑部右侍郎，以内阁学士许景澄为工部左侍郎，未到任前，以刑部左侍郎李端棻兼署 ……（《清德宗实录》卷370）

九月 …… 派兵部右侍郎徐树铭知武举，以刑部左侍郎李端棻为武会试正考官，翰林院侍讲学士冯文蔚为副考官。（《清德宗实录》卷376）

十一月壬子 …… 现月添派刑部左侍郎李端棻修昭西陵工程 ……（《清德宗实录》卷379）

二十二年五月 …… 丙申谕内阁：李端棻奏请推广学校以励人才一折，着该衙门议奏。寻总理各国事务衙门奏：兴学诚自强本计，请由各省督抚酌议办法或就原有书院量加课程或另建书院肆习专门，果使业有可观，三年后由督抚奏明，再行议定章程请旨考试录用。其藏书楼、仪器院、译书馆三节，均可于新立学堂中兼举并行。选派游历一节，与臣衙门同文馆学生出洋章程大意略同，惟经费难支，请嗣后游历诸生由学堂商定，选派者即由学堂、商局筹给资斧，庶扩广之中仍有限制，至所请京师建大学堂，系为扩充官书局起见，请饬下该管大臣考察情形筹办。从之。(《清德宗实录》卷390)

光绪二十三年七月……调刑部左侍郎李端棻为仓场侍郎，以江苏巡抚赵舒翘为刑部左侍郎。(《清德宗实录》卷407)

光绪二十四年六月初六……谕军机大臣等，李端棻奏变法维新条陈当务之急一折，著奕劻、孙家鼐会同军机大臣切实覆议具奏。(《清德宗实录》卷421)

十一日癸巳又谕李端棻奏，请删改则例等语，衙门咸有例案，勒为成书，覩若划一。不特易於遵行，兼可杜吏胥任意准驳之弊，法至善也。乃阅时既久，各衙门例案太繁，堂司各官，不能尽记。吏胥因缘为奸，舞文弄法，无所不至。时或舍例引案，儿多牵混附会，无论或准或驳，皆恃例案为藏身之固，是非大加删订，使之归於简易不可。著各部院堂官，督饬司员，各将该衙门旧例，细心紬释，其有语涉两歧，易滋弊混，或貌似详细，揆之情理，实多窒碍者，概行删去。另定简明则例，奏准施行。尤不得藉口无例可援，滥引成案，致启弊端。如有事属创办不能以成例相绳者，准该衙门随时据实声明，请旨办理，仍按衙门烦简，立定限期，督饬司员，迅速办竣具奏，将此通谕知之。(《清德宗实录》卷421)

又谕:(内阁)李端棻奏，各省学堂，请派绅士督办等语。现在京师大学堂，业经专派管学大臣剋日同办，各省中学堂，小学堂，亦当一律设立，以为培养人才之本，惟事属创始，首贵得人，著各直省督抚就各省在籍绅士，选择品学兼优能孚众望之人，派令管理各该处学堂一切事宜，随时禀承督抚，认真经理。督抚慎选有人，即著奏明派充，以专责成而收实效。（《清德宗实录》卷421）

庚子（十九日——引者注），谕内阁：李端棻奏，滥保匪人自请惩治一折，该尚书受恩深重，竟将大逆不道之康有为等，滥行保荐，并于召对时，一再面陈。今据事后检举，实属有意取巧，未便以寻常滥保之例，稍从未减。礼部尚书李端棻，著即行革职，发往新疆，交地方官严加管束，以示儆惩。（《清德宗实录》卷427）

# 《李湛轩自叙年谱》(节录)

戊午年……附棻叔处从王小丞师读，先府君伴送。端棻四叔诣直隶，家事本铺事概交忠赞兄代管。(戊午 一八五八)

庚申年……仍附棻叔处从高双庭师读。忠赞兄将大事办毕，送朝桢四祖母携棻叔赴直隶。(庚申 一八六〇)

癸亥年……是年，棻叔成翰林。先府君训鑑弟兄曰："吾有惠于棻叔，异日尔辈当获庇荫。惜吾年老，已咸托之矣。"(癸亥 一八六三)

甲子年……附端棻叔处从钱莘民师读。(甲子 一八六四)

丁卯年……是年，贵州初开乡试，端瑴端棻两叔并吴荣九姑丈均皆应试，嘱赴闱，充当誊录代写闱卷，甚极辛苦。(丁卯 一八六七)

辛未年……正月诣都……五祖母给盘费银八两，棻叔给京大钱五十千。(辛未 一八七一)

癸酉年……及怀忠弟秋试，荐而不售，遂措赀赴滇，投棻叔，督学幕中，襄办书启，并分校试卷。蒙五祖惠赠娶妇银三十金，由棻叔拨给。（癸酉 一八七三）

甲戌年……随棻叔考试。迤东四棚（澄江、临安、广西、曲靖）四省试。首府秋后考试，迤西四棚（楚雄、大理、永昌、景东）。试毕，旋省。值岑襄勤彙奏克复大理、蒙化等处奖案，波及各署幕友，蒙棻叔荐保以花翎，县丞归部选用。（甲戌 一八七四）

己亥年……随棻叔将东四棚科试考毕，请假回黔，应恩科乡试。蒙棻叔算给年修一百金，合随棚所得幕修，共三百余金。除付往来盘费外，约余二百之数。……婚后，计棻叔学任将满，托友人贷款将所保县丞指分云南，随即起程，腊初缴咨禀到。（己亥 一八七五）

丙子年……春间，随棻叔出试西路四棚。回省，棻叔丁祖母忧，将大事襄办完竣。（丙子 一八七六）

十月从广南一路诣广东省……值棻叔主试广省，初撤闱，为校勘闱墨，及进呈各卷。（戊子 一八八八）

戊戌年……棻叔因保举人才，发遣新疆，函由墨卿弟送程仪银二百两。（戊戌 一八九八）

壬寅年……棻叔由戍所释回，路经叙永，留住十日，筹夫马费送黔，

约用银六百余两。（壬寅 一九〇二）

丁未年……此年稍闲时，侍棻叔杖履作乐。……十月，棻叔仙逝。（丁未 一九〇七）

## 康有为《康南海自编年谱》（外二种）（节录）

光绪二十一年乙未（一八九五年）…… 三月二十一日电到北京，吾先知消息，即令卓如鼓动各省，并先鼓动粤中公车，上折拒和议，湖南人和之。于二十八日粤楚同递，粤士八十余人，楚则全省矣。与卓如分托朝士鼓（动），各直省莫不发愤，连日并递章满察院，衣冠塞途，围其长官之车。台湾举人，垂涕而请命，莫不哀之。时以士气可用，乃合十八省举人于松筠庵会议，与名者千二百余人，以一昼二夜草万言书，请拒和、迁都、变法三者。卓如孺博书之，并日缮写，（京师无点石者无自传观，否则尚不止一千二百人也。）遍传都下，士气愤涌，联轨察院前里许，至四月八日投递，则察院以既已用宝，无法挽回，却不收。[康有为：《康南海自编年谱》（外二种），第26页，中华书局1992年]

适胶州案起，德人踞之，乃上书言事。工部长官淞桂读至“恐偏安不可得”语，大怒，不肯代递。

又草疏三疏交杨叔峤，分交王幼霞、高理臣上之，乃与曾刚甫约同递都察院，先与都宪徐寿蘅言之。寿蘅本守旧而能待士，不以此折为然，而允为我代递也。李苾园侍郎激厉忠愤，欲联九卿上折，为草之后，无联名者，李公交司业诒谷上之。[康有为：《康南海自编年谱》（外二种），第34页，中

华书局 1992 年]

自十一月十二日，德人发炮踞胶州，掳去提督章高元，朝廷托俄使言和，德使甚桀黠，翁常熟及张樵野日与议和未就。日人参谋本部神尾宇都宫来觅鄂督张之洞，请助联英拒德，时经割台后未知日情，朝士亦多猜疑日本，恭邸更主倚俄，乃却日本之请。吾走告常熟，明日本之可信，且与使议请将偿款再摊十年，并减息，日使矢野君极有意，而吾政府终不信是议。乃为御史杨深秀草疏，请联英日，又为御史陈其璋草疏，再请联英日，略谓："英自康熙十一年，以救西班牙立主与法战，乾隆六年以救澳与普法战，又二十一年以救普与法、俄、瑞、澳战，嘉庆元年攻法拿破仑而救普，咸丰三年至五年，与法救土耳其而联俄，顿重兵于斯巴士拨 …… 故英真救人之国也。日本与我唇齿，俄德得志东方，非彼之利者。昔东事之役，彼以国小变法自强已久，欲奋扬威武，以求自立，既得胜，得辽东而不得，其势不得不恨俄德，其来请联助，乃真情也。英海军甲地球，又扼苏彝士河之权利，若英不欲战，欧西各国不能飞渡，若联英日，则东西南三面如环玦，皆可晏然。今地球大势东流，皆以我为土耳其，若我与联，英人必出。"

上于常熟，请主持之，乃作联英日策，遍告朝士。李苾园侍郎深然之，持以示廖仲山尚书，合肥不以为然 …… [康有为：《康南海自编年谱》(外二种)，第 35 页，中华书局 1992 年]

"二十四年三月 …… 乃定于二十二日（实为二十七日）开保国会于粤东馆，为草定章程，士夫集者数百，投筹公举演说，举吾登座，楼上下人皆满，听者有泣下者。"[康有为：《康南海自编年谱》(外二种)，第 40 页，中华书局 1992 年]

按：据《京城保国会题名记》加入保国会者共 186 人，其中贵州籍 9 人，为：李端棨（贵州贵筑）、李铭忠（贵州贵筑）、李葆忠（贵州贵筑）、李启燵（贵州贵筑）、廖杭（贵州修文）、杨国栋（贵州镇远）、李琳（贵州黄平）、杨德懋（贵州贵阳）、金开启（贵州贵阳）。其中李端棨为李端棻表弟，李葆忠为李端棻继子，李启燵为李端棻侄孙。

时正月，所上制度局之折，京师传之，御史杨漪川、宋芝栋、李木斋、王鹏运，学士徐子静，皆以制度局为然，我为之各草一折，于五月时分日而上，（皆制度局之意也。）杨漪川、宋芝栋亦奏请御乾清门以誓君臣，皆为刚毅所阻，时言新政，皆小臣耳，无大臣言之者。于是卓如为李苾园草折陈四事：一曰御门誓君臣，二曰开懋勤殿，议制度，三曰改定六部之则例，四曰派朝士归办学校，乃下之庆亲王及孙家鼐议。枢垣最恶御门及懋勤殿事，属庆邸及孙家鼐阻之，上乃催问我总署正月制度局之折，面责张荫桓焉。总署以事关重大，派军机王大臣会议，既会议以敷衍游辞驳之，上发还令再会议，硃批责以无得浮词搪责，倘仍敷衍塞责，定必严办。向例非有重大事，无出硃批者，至是咸悚懼。［康有为：《康南海自编年谱》（外二种），第50页，中华书局1992年］

有湖南举人曾廉上书，请杀吾及卓如，上特发交谭嗣同拟旨驳之。又传我密谕，令林旭带出。盖上之用林旭，以其奏折称师，知为吾门生。上之用谭嗣同，以其与我同为徐学士及李苾园尚书所荐，皆吾徒也，故拔入枢垣。杨、刘为楚抚陈宝箴所荐，而陈宝箴曾荐我，杨漪川又曾保陈宝箴，上亦以为皆吾徒也，而用之。时谭复生实馆于吾，林暾谷亦日日来，上意有所欲传，吾有所欲白，皆藉谭、林通之。时李苾园尚书奏荐甚力，上以忌西后，未敢显然用，故用谭林杨刘代之，上之意极苦矣。［康有为：《康南海自编年谱》（外二种），第55页，中华书局1992年］

是夜（八月初二）未见旨，饮宋芝栋家，李苾园尚书、徐子静侍郎在我左右，唱昆曲极乐，而声带变徵，曲终哀动，谈事变之急，相与忧叹。自是夕与二公（晤），遂不复见矣。既而归见敦促出京之旨，又见暾谷留书云，来而不遇，属明日勿出，有要事告。

初三日早暾谷持密诏来……［康有为：《康南海自编年谱》（外二种），第59页，中华书局1992年］

## 康有为《人境庐诗草》序（节录）

闻公度（黄遵宪）以属员见总督张之洞，亦复昂首足加膝，摇头而大语。吾言张督近于某事亦通，公度则言：吾自教告之。其以才识自负而目中无权贵若此，岂惟不媚哉！公度安能作庸人！卒以此得罪张督，乃闲居京师。翁常熟览其《日本国志》，爱其才，乃放湖南长宝道。时义宁陈公宝箴抚楚，大相得，赞变法。公度乃以其平日之学发纾之，中国变法自行省之湖南起。与吾门人梁启超共事久，交尤深。于是李公端棻奏荐之，上特拔之使日本。

——康有为《人境庐诗草》序

# 梁启超《戊戌政变记》（节录）

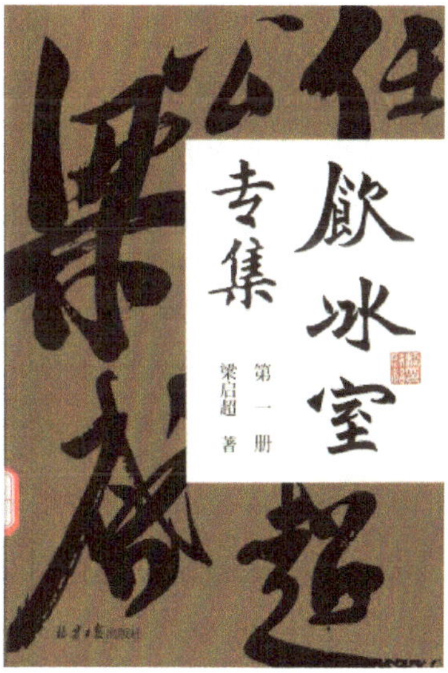


乙未和议成后，士大夫渐知泰西之强由于学术，颇有上书言之者。而刑部侍郎李端棻之奏，最为深切详明，得旨允行。（《饮冰室专集》第一册《戊戌政变记》第24页，北京日报出版社2020年）

【谨按】常科以八股楷法取士。但使能作八股能作工楷，虽一书不读，亦可入翰林、登显秩，积资以致公卿督抚，下之亦为道府试差，退之亦为山长贵绅。故天下咸趋向焉，相率于不读书不讲时务，人才愚陋，实由于此。自康熙、乾隆两次举行特科，得人为盛。咸丰元年张庚请举之，同治元年薛福成请举之，皆不行。自胶州之变，枢臣翁同龢抚膺太息，谓当此时变，不能不破格求才。贵州学政严修，适抗疏请举特科，得旨允行。当时八股未废，得此亦足稍新耳目，盖实新政最初之起点也。乃诏下数月，而大臣迁延观望，不肯荐人，盖意欲阻挠也。至是学士徐致靖、御史宋伯鲁上书言之。再下诏催迫，而湖广总督张之洞、仓场侍郎李端棻，首举十数人。自是举者纷起，才智之士渐进矣。（《饮冰室专集》第一册《戊戌政变记》第29页，北京日报出版社2020年）

十一日上谕：李端棻奏各省学堂请特派绅士督办等语。（《饮冰室专集》第一册《戊戌政变记》第32页，北京日报出版社2020年）

同日上谕：李端棻奏请删改《则例》等语。（《饮冰室专集》第一册《戊戌政变记》第32页，北京日报出版社2020年）

【谨按】变法必须从本原变起。斟酌中外，草定法令，勒令各衙门治事详细规则，此本原中之本原也。康有为曾屡上折，请开制度局，将大征天下之贤才，广罗万国之宪法，参以本邦之情形，大加审定，兴利除害，使之靓若画一，有条不紊，然后见之施行。然以皇上无权，不能行也。又以异邦人之在中国者，得有治外法权，不受政府之管。损辱国体，莫此为甚。而我邦刑律太苛，不近情理，势难强人就我。故拟采欧洲之制，先更律法，以为他日条约更正张本。至是李端棻言之，故有删改《则例》之谕。盖制于西后，未敢开局大修法制，先藉是为嚆矢耳。（《饮冰室专集》第一册《戊戌政变记》第33页，北京日报出版社2020年）

同日上谕：礼部尚书著裕禄、李端棻署理。（《饮冰室专集》第一册《戊戌政变记》第41页，北京日报出版社2020年）

【谨按】李端棻屡上封事，请开学堂、定则例、开懋勤殿、大誓群臣诸大事，二品以上大臣，言新政者一人而已，故上特拔为礼部尚书。（《饮冰室专集》第一册《戊戌政变记》第41页，北京日报出版社2020年）

李端棻。贵州人，旧任仓场总督。于光绪二十一年奏请设立京师大学堂，及各省学堂，专注意教育。今年又请改定律例，派人游历日本调查政务，七月皇上特擢礼部尚书，今革职遣戍新疆。（《饮冰室专集》第一册《戊戌政变记》第77页，北京日报出版社2020年）

其徐致靖、王锡藩以少詹学士作署礼部侍郎，固为超授，即李端棻以仓督授礼部尚书，尚是超擢，以礼尚多由兵、刑、工三部推移，无有由侍郎上擢者也。（《饮冰室专集》第一册《戊戌政变记》第129页，北京日报出版社2020年）

# 梁启超《梁任公先生年谱长编（初稿）》（节录）

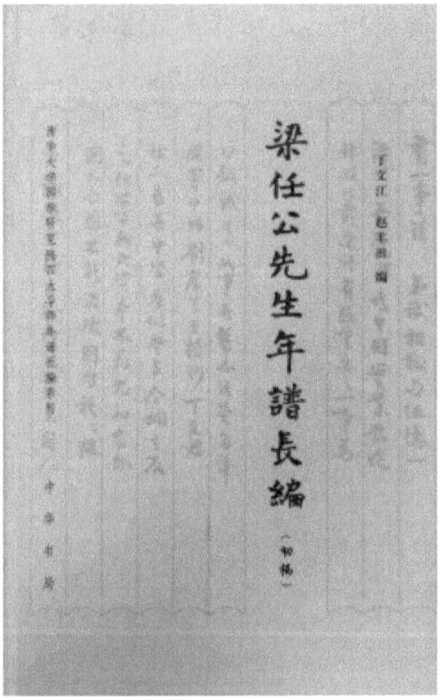

己丑年十七岁，举于乡，主考李尚书端棻、王镇江仁堪。（《三十自述》）

——（丁文江、赵丰田编《梁任公先生年谱长编（初稿）》第12页，中华书局，2010年）

光绪十五年己丑，十七岁，举于乡，榜列八名。当时典试之正座乃贵州李苾园，副座乃福建王可庄。榜发，李请王做媒，以妹字伯兄。同时王亦怀此意，盖王有一女公子正待字也。但李先发言，乃相视而笑。（《曼殊室戊辰笔记》）

——（丁文江、赵丰田编《梁任公先生年谱长编（初稿）》第12页，中华书局，2010年）

光绪己丑，尚书苾园先生讳端棻，主广东乡试，夫人从兄也。启超以是年领举，注弟子籍，先生相攸，结婚媾焉。（《悼启》，《文集》卷七）

——（丁文江、赵丰田编《梁任公先生年谱长编（初稿）》第13页，中华书局，2010年）

这年的乡试是恩科。当时第一场试题据八月十二日上海《申报》载是：（一）“子所雅言诗书执礼”至“子不语怪力乱神”。（二）“来百工则财用足”。（三）“立娄之明，公输子之巧”。

——（丁文江、赵丰田编《梁任公先生年谱长编（初稿）》第13页，中华书局，2010年）

（1889年，李端棻以内阁学士典试广东，他所主持的乡试是恩科，给考生的题目如上）

**年十八，计偕入京师，父以其稚也，挈与偕行。李公以其妹许字焉。**……（《三十自述》）

——（丁文江、赵丰田编《梁任公先生年谱长编（初稿）》第13页，中华书局，2010年）

……**十月入京师，结婚李氏。**（《三十自述》）

——（丁文江、赵丰田编《梁任公先生年谱长编（初稿）》第15页，中华书局，2010年）

**是年冬入京就婚，寓宣南永先寺西街之新会新馆。**（《曼殊室戊辰笔记》）

——（丁文江、赵丰田编《梁任公先生年谱长编（初稿）》第17页，中华书局，2010年）

**二十岁壬辰，正月二十日，先王父见背。春闱乃李苾园为总裁，欲通一关节，伯兄却之。是年夏，偕伯嫂李夫人南归，乡居一年有奇**……《曼殊室戊辰笔记》）

——（丁文江、赵丰田编《梁任公先生年谱长编（初稿）》第17页，中华书局，2010年）

**七月二十日，奉上谕：礼部尚书著裕禄、李端棻署理……**（七月二十日《国闻报》）

——（丁文江、赵丰田编《梁任公先生年谱长编（初稿）》第62页，中华书局，2010年）

# 陈夔龙《梦蕉亭杂记》（节录）

……

当殿试之前，李苾园少詹（后官礼部尚书），约集同乡诸同年于寓斋习书，大卷虽不能工，较诸君子未敢多让；讵传胪日，赵仲莹同年居然大魁，苾园之从弟小洲同年（名端棨），家松珊君，均列二甲，入翰苑，而余以一字之误，竟置三甲，以主事用，签分兵部。…… 苾园少詹深惜余不入词馆，又以戎曹无可展布，叹余有才不遇，良朋知己，迄今铭感。

……

侍郎获谴后又三日，吾乡李尚书端棻亦遭严谴。尚书学问渊雅，性情笃厚，徒以为人所累，致罹党祸，都人士莫不怜而谅之。新会某孝廉，乃尚书典试粤东所得士，继之以婚姻，戊戌会试寓尚书宅，地近则言易入。当政变之前数月，新政逐日举行，朝野震骇。尚书时为仓场侍郎，封奏独夥，均系变法维新，与平素旧学宗旨大不相符，门生故旧纷纷訿（訾）议。余目睹党祸已成，窃代忧之。七月杪（末），礼部堂官不为司员王照代奏事件，奉旨六堂同日褫职，尚书超擢礼尚。八月朔，由通还京，余谒之于邸第，谓公曰：交非恒泛，不作谀词，今日为公贺，恐明日将为公吊耳。公愕然。时公门人贻司业谷亦在坐。公曰：然则何以教我。余曰：时局如此，成败利钝未能逆料，只有谢病辞官，尚是保身一法。公曰初三日到任，已传知阁部曹司并发谕帖，此事岂能中止。余谓从前乾嘉时代，和珅擅权用事，闽中某中丞时为苏抚，与和素通声气，后知和将败，恐罹党祸，亟思请疾，而又无词可措，爰于大朝会时观瞻所系，故作失足昏晕状，具折请假开缺，卒免于祸。公盍仿而行之。公踌躇未决，贻君曰：此计甚妥，师座若肯弃此官，门生亦愿弃微职，从公优游林下。越日，公赴部履新，部中土地祠祀唐韩公文愈，例须行礼，公于行礼时，故为失足不起，众目共睹，忽忽扶归。即缮折请病假二十日，贻君亦同日请假，风义可佩。此假期内波谲云诡，幸在旁观。迨十五日，张侍郎荫桓奉旨遣戍，南城外士大夫群相议论，全集矢于公。公不得已具折自行检举，奈是日适有内监他案发生，东朝震怒，阅公奏疏，谓为有心取巧，仍从重论，发往新疆，效力赎罪。余以公咎虽应得，而情有可原，从前原系托病经旬，日中之激刺震撼，公真病矣，而发遣不能缓期，窃不自揣，欲急友生之难。翼日，独诣军机处面谒刚相，述尚书患病实情，求代展期起解。刚相意不谓然。余复谓尚书原请病假在未获罪之先，并非获罪后方始请假，希图逗留。刚相谓此系旨意，我不能代请旨，声色微厉。余亦忘却此乃密勿重地，小臣不能在此任意喋喋，几成僵局。幸荣文忠公出而言曰：君等所谈何事，何尚未解决也。刚相色稍霁，谓公忠曰：君瞧筱石为人太好，现为同乡李苾园谴戍事，求我展假，此何等事，你我何能擅便。文忠略一沉思，笑谓余曰：发遣系奉旨严谕，即日启行，岂能展缓。刚相之言甚是；惟有一通融之法，尔速到部传谕即日起解官员，遣戍首站多宿天宁寺，已算遵旨出京。如实病，再具呈城厢司坊官吏，请假一二日未尝不可，公义私情，岂不面面俱到。语未竟，刚相拍手赞成曰：此计甚好，尔即照此办去。余到部不移时，尚书已到，静候发遣。余送尚书至天宁寺，情话一夕，又为通融请假二日，部署行装。自惭京员清苦，无力厚赆。越日，车声辚辚，尚书竟赋西征。此戊戌八月事也。

—— 陈夔龙《梦蕉亭杂记》卷一第17—19页（中华书局·近代史料笔记丛刊）

# 岑春煊《乐斋漫笔》(节录)

会为业师李苾园尚书端棻所知，遣人召往，告以“旧例，京堂到京，即须宫门请安。况大臣子弟，尤不可忽。恐弟或未知，致涉不敬，已代备安折，今夜递牌子，明日当至朝房候起。我系值日，可于彼处相见也。”余谨遵命。

——岑春煊《乐斋漫笔》第9页(中华书局·近代史料笔记丛刊)

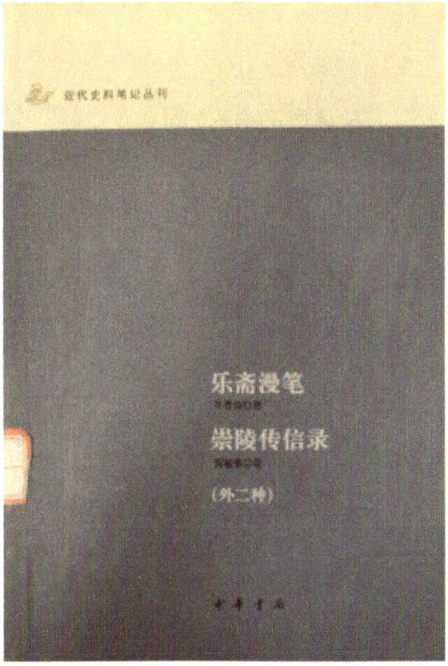

## 黎庶昌《丁亥入都纪程》(节录)

七月初五日行十四里，通州换单套车登陆，经通州城。二十里三间房尖，二十里东便门，李苾园端棻宫詹已遣人在此照料，入城得免阻滞。住西河沿斌魁店。是日晴。

——黎庶昌《丁亥入都纪程》

## 《清朝野史大观·戊戌变政略》(节录)

中日战后，中国腐败情形和盘托出。于是志士愤起，咸知非变法无以图存，而南海康有为出焉。值清帝亦有志改革，召对称旨。谭嗣同、杨锐、林旭、刘光第、梁启超，次第擢用，废八股，开学堂，汰冗员，广言路，凡百设施，同时并举。守旧党不悦，满大员尤深恨之，而清帝愈加信用，因是恨改政党移而恨帝。荣禄辈日夕谋诸太后。军机大臣翁同龢，帝所亲任也，赞成改革，乃帝与翁一面谋改革，太后与荣一面谋废立。四月二十三日帝下诏誓改革，二十五日（注：应为四月二十八日）康有为召见，二十七日太后忽出一谕，令帝将翁同龢开缺。工部侍郎汪鸣鉴，翁之党也；兵部侍郎长麟，满人，忠于帝也；翰林侍读学士文廷式，帝所擢用也，均斥革。荣又讽太后临朝训政，急捕改政党。康有为、梁启超急脱，谭嗣同等六人歼焉。余汉大臣李端棻等数十人禁锢谪戍。而改政党所设施，一切成泡影焉。荣与太后定计幽帝，以病解说人心。

[《清朝野史大观·戊戌变政略》小横香室主人辑，《中国近代史资料丛刊·戊戌变法》(Ⅳ)第273页]

## 《国朝事略·戊戌纪事》(节录)

八月上有疾，澂天下名医诊视，群臣复请太后训政，召直隶总督荣禄入赞枢要，废康有为等谋围颐和园大逆不道事捕治之。康有为及其徒梁启超遁海外，诛杨锐、林旭、刘光第、谭嗣同、杨深秀、康广仁(有为之弟)六人，大臣李端棻、张荫桓、徐致靖、陈宝箴等分别治罪，悉罢新政。

[《国朝事略·戊戌纪事》金陵江楚编辑书局辑，《中国近代史资料丛刊·戊戌变法》(Ⅳ)第274页]

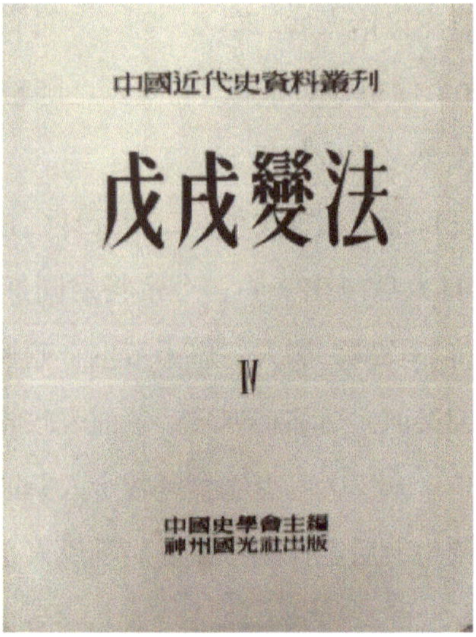

## 盛宣怀《条陈自强大计折》(节录)(1896年10月)

……

一曰育才之要。西国人才之盛，皆出于学堂。然考其所为学堂之等、入学之年、课程之序，与夫农工商兵之莫不有学，往往与曲台之礼、周官之书、左氏公羊之传、管墨诸子之说相符。盖无人不学，无事不教，本三代学校之制，特中国去古既远，浸成具文，而泰西学堂，暗合道妙，立致富强，益以见古圣人之道，大用大效，小用小效，文轨虽殊，而莫能外也。

近日刑部侍郎李端棻推广学校一折，洞见本原，当蒙采择。……

[盛宣怀:《条陈自强大计折》,《中国近代史资料丛刊·戊戌变法》(Ⅱ)第327页]

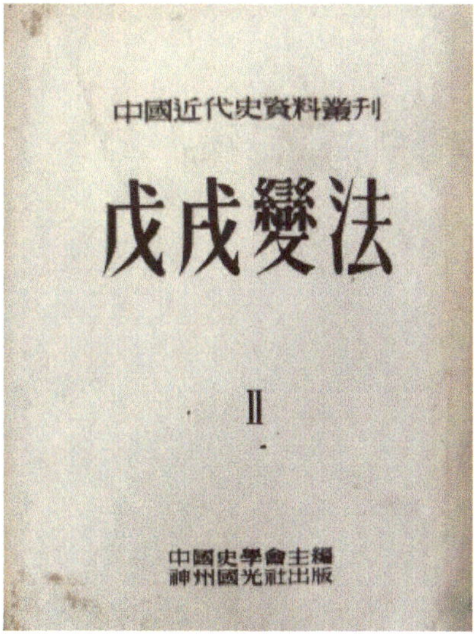

## 陈宝箴《为招考湖南实务学堂学生示》(1897年9月)

为出示招考事。照得国势之强弱，系乎人才；人才之消长，存乎学校。中日议和以来，内外臣工仰体时艰，深维图治之本，莫不以添设学堂为急务，章奏迭陈，概蒙俞允。上年六月，总理衙门议复李侍郎端棻推广学校折内奏称，各省另建书院，果使业有可见，三年之后由督抚咨明该衙门，请旨考试录用。

——陈宝箴《为招考湖南实务学堂学生示》

## 《奏为发往新疆军台效力已革礼部尚书李端棻途中患病逾限请旨准其调治痊愈再行起解事》

准陕甘总督咨，据署皋兰县知县张庭武详称，案据家丁林魁呈称：家主、已革礼部尚书李端棻，素有体疾。去岁八月初一日，在礼部昌黎祠行礼，闪跌在地，触伤右手、左足，骨节麻木酸痛，运动不灵。请假调理未效，复续假二十日。八月十九日假期内，钦奉上谕发往新疆，懔遵力疾起程。至陕西病势愈重，延医调治，略见轻减，旋即西行。十二月行抵甘省，病转加剧，当又延医调治。正月稍能步履，定期二月十一日启行。突于初十日感冒风邪，发热咳嗽，胸膈饱涨，两胁作疼，呃逆不止，言语坐卧，顿失其常。两月以来，尽力医治，无如甘省向无良医，药物真者绝少。以故缠绵日久，血气愈亏。今因久病拖延，饮食过少，虚弱益甚，更形酸软，动必需人扶掖，儿成痿痺之症。此去新疆尚远，家主年近七旬，仅余残喘。家丁危迫无计，恳祈转禀，准在此间调治，一俟稍痊即行前进。等情。卑职亲往查验，患病属实，理合据情，转详批示，以便遵办。据此覆验无异，除饬令赶紧调治务痊再起解外，应咨部查照。等语。臣等查例，载发往军台效力赎罪废员如实有患病，逾限不能起解者，地方官验看属实，加具并无捏饰，印甘各结，详明督抚，咨部汇覈等语。系指军台效力者，而言其发往新疆官犯，中途患病就医例内并无专条，且已革尚书李端棻系钦奉上谕发往新疆严加管束官犯，今据该督咨称该革员行抵甘省患病，饬令赶紧调治，务痊再行起解。臣部未敢擅便，据咨覈准，理合具奏请旨，伏乞皇太后、皇上圣鉴训示遵行。谨奏。

光绪二十五年七月初九日。

经筵讲官大学士管理兵部事务臣荣禄

经筵讲官协办大学士兵部尚书臣刚毅

经筵讲官署尚书臣启秀

经筵讲官太子少保尚书臣徐郙

左侍郎臣宗室阿克丹

左侍郎臣葛宝华

右侍郎臣文治

右侍郎臣景澧

右侍郎臣李殿林

## 《奏为同治十一年新任云南学政李端棻考语事》刘岳昭（同治十一年十二月）

云贵总督刘岳昭奏。同治十一年分，云南学政密考。再查定例，每届年终，督抚出具学政密考，历次遵办在案。兹届同治十一年十二月年终查得新任云南学政李端棻，甫于本年十一月二十七日接印受事，未满三月，例不加考，合并陈明。伏乞圣鉴。谨奏。

# 奕劻：《光绪二十四年六月初十日说片》

…… 查仓场侍郎李端棻所奏四条。第一条，请皇上晓谕群臣，以息争论。奴才见近来时事艰难，凡大小臣工，以国事为心者，无不愿中国之自强。其愚无识者，道听途说，亦无关国事，则事论之说，可勿虑。

惟少言变法，则云小变不如大变，缓变不如急变。窃思祖宗成法俱在，果实力奉行，自能日有起色 。彼西法之善者，未尝不可参用。若第师其制度，学其梢末，是仍袭其皮毛也。且以中国四千年来之习尚，四百兆人之心思，而骤欲大变而急变之。王道无近功，恐操切非所以治天下也。

…… 第二条，请皇上选博通时务之人，以备顾问。奴才以为如令各部院择优保荐召对，时察具品学纯正，才具明敏者，俾朝夕侍从，讲求治理，诚是有裨圣治。然品类不齐，亦薰莸异器，必严加选择，慎之又慎，盖此非南斋之徒，以词章供奉也。且以圣祖仁皇帝之天亶聪明，而高士奇犹能招摇纳贿，声名狼藉，则君子小人之辨，不可不严也。至于汤若望、南怀仁者，圣祖转以其精于天文测算，制造仪器，偶一召问而已。至内外大臣，开馆辟贤一节，政事既有司官，督抚亦延幕友，且公事纷繁，亦恐无此闲晷，与诸人讲求，况自行延请，自行保荐，亦恐开党援奔竞之风 ……

特派绅士督办各省学堂。奴才以为宜令各省督抚选择明敏端正在籍绅士奏派督办，必能整顿学校及时培养人才 ……

请删减则例以杜胥吏之奸。奴才以为胥吏舞弊，由于则例繁多，亦由于司官不能熟谙则例，若将则例稍从删减，再令各司员皆熟谙则例，遇事不必询胥吏，而胥吏自不能舞弊矣。……（奕劻：《光绪二十四年六月初十日说片》转见孔祥吉：《康有为变法奏议研究》第269—271页，辽宁人民出版社，1988年）

# 孙家鼐《光绪二十四年六月十日说片》

……查仓场侍郎李端棻所奏……其第一条，臣工未能尽喻皇上意旨，尚多争论等语。臣见近日臣工，愿变法自强者，十有六七，拘执不通者，不过十之一、二。惟新旧党之相争绝少，而邪正党之争实多，盖变法不难，而行法之人最难。用非其人，则小人道长，君子道消，治乱安危，所关非细。贤人君子，不无思深虑远之心，盖皆以宋时王安石为鉴也。皇上宣示臣工，若能严申君子小人之辨，则争论者，自当渐化矣。……

请皇上选择人才，在南书房懋勤殿行走，此亲近贤人之盛意也。惟朝夕侍从之臣，不专取才华，尤须确知心术。方今讲求西法，臣以为若参用公举之法，先采乡评，博稽众论，庶贤否易于分辨。至大臣开馆延宾一节，诚恐公事傍午，暇日无多，且亦无此经费，较之胡林翼筹为督抚，盖难并论。具胡林翼等之开宾馆，自有照料宾馆委员，非真终日与宾客周旋也。惟在各大臣休休有容，集思广益，果有好贤之雅，亦不必以接纳为事……

请京官绅士在本籍办理学堂，臣以为当由各省督抚访求品学兼优能符合众望者为之，自可以培养人才之效。权归督抚，绅权不可太重，庶无喧宾夺主之虞……

其第四条，意在删减则例。查事多窒碍，惟在胥吏舞文困君子而使小人，无不因缘例案，应行照办，以杜弊端……（孙家鼐：《光绪二十四年六月十日说片》，转见孔祥吉：《康有为变法奏议研究》第269—271页，辽宁人民出版社，1988年）

## 孙家鼐《议复开办京师大学堂折》（1896年9月）

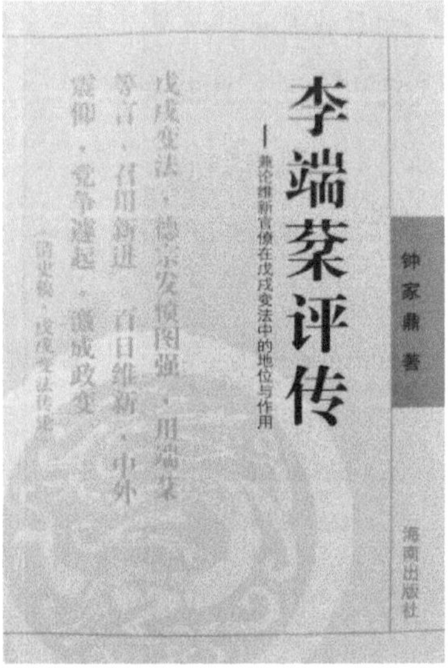


奏为遵筹京师建立学堂大概情形，恳恩拨款开办，恭折复陈仰祈圣鉴事。本年七月十三日准总理各国事务衙门咨开，议复刑部左侍郎李端棻奏请推广学校以励人才折内京师建立大学堂一节，系广为扩充官书局起见，请饬下管理书局大臣察度情形，妥筹办理等因，奉旨：‘依议，钦此。’钦遵。咨行到局，臣查本年正月总署原奏请立官书局，本有建设学舍之说，臣奉命管理书局，所奏开办章程亦拟设立学堂，延请教习。是学堂一议，本总署原奏所已言，亦即官书局分内应办之事。刻开办书局，时近半年，各处咨取书籍，亦印报章，草创规模，粗有眉目。惟苦于经费不足，只能略添仪器，订购铅机，搜求有用之图书，采摭各邦之邮电，俾都人士耳目见闻稍加开拓而已。若云作育人才，储异日国家之大用，则非添筹经费，分科立学不为功。独是中国京师建立学堂，为各国通商以来仅有之创举，苟谨援前此官学义学之例，师徒受授以经义帖括，猎取科名，亦复何裨大局？即如总署同文馆、各省广方言馆之式，斤斤于文字语言，充其量不过得数十译翻人才而止。福建之船政学堂、江南制造局学堂，及南北洋水师、武备各学堂，皆囿于一才一艺，即稍有成就，多不明大体，先厌华风，故办理垂数十年，欲求一缓急可恃之才而竟不可得者，所以教之之道固有未尽也。此中国旧设之学堂，不能仿照办理也。

泰西各国，近今数十载人才辈出，国势骤兴，学校遍于国中，威力行于海外，其都城之所设之大学堂，规模宏整，经费充盈，教习以数百计，生徒以数万计。其学有分四科者，五科者，六科者，仍广立中学、小学，以次递升，暗与中国论秀书升之古制相合，遂以争雄竞长，凌抗中朝。荦荦群才，取之宫中而皆备，非仅恃船坚炮利为也。当兹事变日多，需才孔亟，以蓄艾卧薪之意，为惩前毖后之方，亟应参仿各国大学堂章程，变通办理，以切时用。第各国分科立学，规制井然，而细绎其用心致力之端，终觉道器分开，略于体而详于用，故虽励精图治，日进富强，而杂霸规为，未能进于三代圣王之盛治者，亦其学限之耳。况外国学校经费充盈，千狐集腋，非一日所成，骤欲一蹴而儿，安得有此财力？此外国大学堂之法，亦有不能全行仿办者也。

臣与在局诸臣悉心筹议，深知此事定制之难，创始之不易。且中国堂堂大国，立学京师，尤四海观瞻之所系，一或不慎则徒招讥议，无补时艰，反不如不办之为愈矣。刻仍内外函商，周咨博访，务求悉臻美善，以期仰副圣明，谨先将现在筹办大概情形，胪为六事，缕析为我皇上陈之：

一曰宗旨宜先定也。中国五千年来，圣神相继，政教昌明，决不能如日本之舍己芸人，尽弃其学而学西法。今中国京师创立大学堂，自应以中学为主，西学为辅，中学为体，西学为用，中学有未备者以西学补之，中学其失传者以西学还之。以中学包罗西学，不能以西学凌驾中学，此是立学宗旨。日后分科设教，及推广各省，一切均应抱定此意，千变万化，语不离宗。至办理章程有必应变通尽利者，亦不得拘泥迹象，局守成规，致失因时制宜之妙。

二曰学堂宜造也。书局初开，为节省经费起见，暂赁民房，一切已多不便。今学堂将建，则讲堂、斋舍必须爽垲宜人，仪器、图书亦必庋藏合度。泰西各国使署密迩，闻中国创立学校，亦将相率来游，若湫溢不堪，适贻外人笑柄。拟于京师适中之地，择宽旷地，或购民房，创建学堂，以崇体制。

先建大学堂一区，容大学生百人，四围分建小学堂四所，每学容小学生三十人。堂之四周仍多留隙地，种树栽花，以备日后扩充，建设藏书楼、博物院之用。

三曰学问宜分科也。京外同文、方言各馆，西学所教亦有算学、格致诸端，徒以志趣太卑，浅尝辄止，历年既久，成就甚稀，不立专门，终无心得也。今拟分立十科，一曰天学科，算学附焉；二曰地学科，矿学附焉；三曰道学科，各教源流附焉；四曰政学科，西国政治及律例附焉；五曰文学科，各国语言文字附焉；六曰武学科，水师附焉；七曰农学科，种植、水利附焉；八曰工学科，制造格致各科附焉；九曰商学科，轮舟、铁路、电报附焉；十曰医学科，地产、植物、化学附焉。总古今，包中外，该体用，贯精粗，理索于虚，事征诸实，立格以待奇杰，分院以庋图书。风会既开，英才自出，所谓含宏光大，振天纲以赅之也。虽草创规模，未能开拓，而目张纲举，已为万国所无，他日并包六国之机，权舆于是矣。

四曰教习宜访求也。大学堂内应延聘中、西教习各二人，中国教习应取品行纯正，学问渊深，通达中外大势者，虽不通西文可也；外国教习须深通西学，精识华文，方无扞格。如实难其选，则拟先聘一人，修脯必丰，礼敬必备，中、西教习一律从同，此燕昭筑黄金台以待天下贤士之意也。四小学堂，每堂延中、西教习各一人，亦须学正品端足为师表者乃膺其选。西师所教，先以英、法方言，如能兼习德、俄，尤便翻译书籍，应俟届时察酌办理。

五曰生徒宜慎选也。大学堂学生，年以二十五岁为度，以中学、西学一律赅通者为上等，中学通而略通西学者次之，西文通而粗通中学者又次之。仍分三班发给薪水，头班月八金、二班六金、三班四金。由同文、方言各馆调取，内外各衙门咨送，及举贡生监曾学西文者自行取给投考。惟中西各学均须切实考验，第其优劣，分别去留。仍须性行纯正，身家清白，方能入选。四小学之学生年以十五岁为度，便于学习语言。创办时额数无多，暂由满汉各官员子弟中报名投考，亦须中文粗通、识字稍多者方能入选，不足再出示招考，由乡邻具结，确系读书世家，乃准与考。考取入学，自备薪水，不出束修，数年后中西各学俱通，升入大学堂，使给薪水，以示鼓励。

六曰出身宜推广也。学而不用，养士何为？用违其才，不如不用。中国素重科目，不宽予以出身之路，终不能鼓舞人才。拟参酌中、西，特辟三途以资激励：一曰立科，光绪甲申礼部议复潘衍桐请折立算学一科，以二十名取中一名，然屡届人数均不满额。拟援此例，立时务一科，包算学在内，乡会试由大学堂咨送与考，中式名数定额宜宽。应俟学堂规模大定之时，请旨办理。二曰派差，学生应试不中者，由学堂考验，仿西例奖给金牌文凭，重其所长，咨总署派往中国使馆充当翻译随员，或分南北洋海军、陆军、船政、制造各局帮办一切，以资阅历。三曰分教，泰西各国有所谓师范学堂者，专学为师，大学堂学生如不能应举为官者，考验后仿泰西例奖给牌凭，任为教习。各省立学之始，皆先向大学堂咨取充当，则师资有用，俯仰无忧，京外各学堂亦可联为一气矣。

此六事者，准今酌古，原始要终，实以兼包中外。以后详细办法，或应行推广，一切未尽事宜，容当博采群言，随时奏明请旨。惟是开办之始，筹款为先。泰西各国学校，岁需几与官俸、兵饷相等，有多至华银八千余万两者。英京大学堂岁交九百万镑，故尔规模阈整，后彦云兴。中国总署同文馆岁费二十余万，天津医学堂岁费十万两，各省同文、方言各馆，水师、武备各堂，岁费十余万两、数万两不等，大抵草率狭隘，日久因循，未闻成就一人足以上济国家之急，固缘办理之未善，亦苦于经费之不敷耳。今京师创立大学堂，款太多则筹措维艰，款太少则开销不足，思维再四，昕夕旁皇。伏念学堂一事，屡经臣工条奏，明旨饬行，良以时局多艰，亡羊补牢，非有人才不能自立。今设学堂于辇毂之地，耳目近接，稽察易周，臣等仍当慎选真才，力求核实，以上副圣主寤寐求贤之至意。内外诸臣受恩深重，以人事君之素志具有同心，岂宜惜此区区，致挠盛举！应请旨饬下户部并饬南北洋大臣，无论何款，按月各拨银五千两，解交户部，作为京师学堂专款。自奉旨之日为始，由臣饬派局员按月领取，俾得从容布置，刻期一载，当可告成。此款比之泰西，固属泰山之毫末，即较之各省学堂同文各款，亦尚系酌中之数、得半之间，而不敢斤斤于体制所存，率请多拨者，实以无征不信，创始维艰。俟他日成效已彰，人才渐出，续行奏请，添拨款项，广置生徒，以渐推行于各省，庶循名责实，慎始图终，海宇倾风，贤才辈出，师师济济，为国干城，内治外交，永不借材异地，此则皇上之洪福，臣等之素心，抑亦宗庙社稷之神灵所默为呵护者已。所有筹议学堂大概情形及请拨款开办缘由，谨缮折上陈，伏乞皇上圣鉴训示。谨奏。

## 汪康年《汪康年诗友书札》(节录)

(汪大燮致汪康年)此事最不放心诸君者，莫如子培(沈曾植)。盖其去年今年斟酌拟复陈其璋、李苾翁两稿，苦心孤诣，极欲推广变法新政，而中国向来于此等事难创而易塞，一有浮言，立即关门。

——《汪康年诗友书札》上海图书馆编，上海古籍出版社

## 王文韶《王文韶日记》(节录)

总署咨到七月初三日议复刑部左侍郎李端棻奏请推广学校以励人才一折，语多中肯。风会所趋，有莫知其然而然者，物穷则变，苟非倭事之创巨痛深，则此风气之开当尚在数十年以后也。亡羊补牢未为晚，愿天下有心人共励之。

—— 王文韶:《王文韶日记》(北京：中华书局)

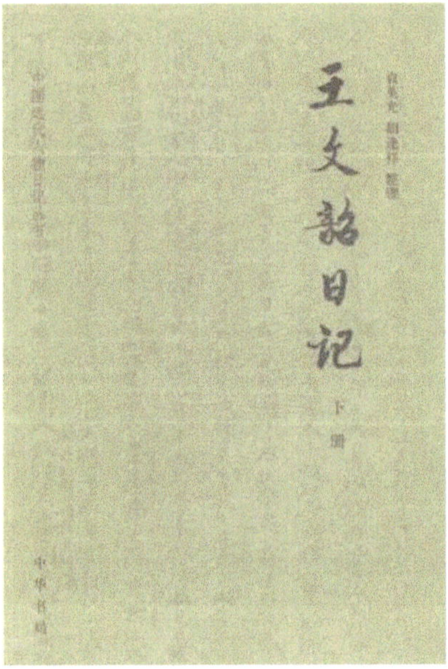

# 《中国近代史资料丛刊·戊戌变法》(节录)

## 京寮荐劾传闻

北京访事人来信云：近来保奏湘抚陈右民中丞者甚多，而日前有某御史乃参劾右帅，谓其前次所保通达时务人材，其中固不乏明体达用之士，而贪墨之夫，浮嚣之子，亦复错杂其间，一剡之内，良莠不齐。又湖南创办学堂，开设报馆，其初志岂不甚美，乃一经地方守旧绅士出而阻扰，而学堂报馆同时并废，亦未能实力奉行云云。又有人力保李苾园尚书才可大用，劾谭文卿制军守旧贪污，闻各折片均留中。[中国史学会编：《中国近代史资料丛刊·戊戌变法》(Ⅲ)第408页]

## 党籍述闻

前者皇上简派十人，在懋勤殿参预新政，第一系礼部尚书李端棻，二系署理礼部侍郎翰林院侍读学士徐致靖，三系工部主事总署章京康有为，四系江南道监察御史杨深秀，五系山东道监察御史宋伯鲁，六系湖南学政徐仁铸，七系刑部主事张元济，八系举人梁启超，九系康有为之弟康广仁，十系翰林院编修徐仁镜。近日各人所得罪名，李端棻革职，永远遣戍新疆；徐致靖永远监禁刑部狱中；康有为已定死罪，拘获后凌迟处决，九族全诛，坟墓毁掘；杨深秀业已正法；宋伯鲁革职永不叙用，前曾在逃，闻已拘获；徐仁铸革职永不叙用；张元济富有资财，现亦革职，永不叙用；梁启超已定死罪，现逃往日本；康广仁业已正法；徐仁镜革职永不叙用。

本馆又接北京访事来信，所称懋勤殿十人姓氏，间有不符。第一系李端棻，二系徐致靖，三系康有为，四系杨深秀，五系康广仁，六系梁启超，七系谭嗣同，八系林旭，九系杨锐，十系刘光第，谭、林、杨、刘四人均四品京官。此十人中杨深秀、康广仁、谭嗣同、林旭、杨锐、刘光第六人，已于九月二十八号同时伏诛。康、梁业已远飏，李端棻、徐致靖二人，官阶较崇，年岁又高，通籍后已阅二十余年，故贷其一死。然一则远戍，一则永禁，虽苟延残喘，其实与丧身者未达一间耳。（译字《林西报》九月初六日，见光绪二十四年九月初八日《中外日报》）[中国史学会编：《中国近代史资料丛刊·戊戌变法》（Ⅲ）第442—443页]

# 《贵州辛亥革命史略》（节录）

在贵州，封建的文化居于传统地位。知道戊戌变法以后，贵州的知识分子除了极少数能够接纳维新和革命的理论而外，绝大多数仍站在封建文化的行列中。例如一九〇三年（光绪二十九年），贵阳的李端棻（清礼部尚书，曾因赞同戊戌变法，被清室遣戍新疆，中道赦回），为经世学堂堂长，每月出题一次，考试贵阳文士，取中者按等酬送奖金。第一次出题为《卢梭论》，第二次出题为《培根论》。全场文士不知卢梭、培根为何人，李检出《新民丛报》，命其抄阅。于是引起文士们的不满，私作竹枝词揭帖城内以相讥刺。其词云“康梁遗党至今有，请尔常将颈子摸。死到临头终不悔，胆将孔孟比卢梭。居心只想做奸臣，故把康梁分外亲。此君已被康梁误，复举康梁再误人。”

当时贵州的知识分子，优秀的多半集中在贵阳。贵阳的一般知识分子，到了一九〇三年的时间，连维新的思想都不能接受，何况革命的思想，更是知者寥寥了。（吴雪俦、胡刚：《贵州辛亥革命史略》，《近代史资料》，1956年第4期）

## 殷亮轩《戊戌政变后回贵阳的李端棻》(节录)

1902年(清光绪壬申年),贵阳当道,聘李主讲经世学堂(经世学堂,原名学古书院,在今护国路)。…… 第一次月课,李出题为“卢梭论”。应考诸生,不知卢梭是哪个朝代的人,遍翻人名词书,如《尚友录》、《历代名臣言行录》,都查考不出来。李即出所藏梁启超主编的《新民丛报》载有卢梭传记,给大家传写抄阅。原来“考课”是当天出题,领题回家作文,次晨绝早交卷,此次改限3日交卷。榜发,考列第一的文中是以卢梭比孔孟,顽固人士认为“渎圣”。…… 后来李氏又召集诸生在他私宅(王家巷)客厅中讲学,介绍一些新的学术思想,如孟德斯鸠的三权鼎立论、达尔文的进化论、赫胥黎的天演论等。我每次都去听讲。

第二次月课,李出题为“培根论”,又将所藏《新民丛报》中有关培根传记,给大家抄写。之后,街头发现诽谤李氏诗三首。我看到后,默记在心,回家后向家父背诵出来,今天还留在脑子里,照录如下:

康梁遗党至今多,请尔常将颈子摩。死到临头终不悔,敢将孔孟比卢梭。(二)居心只想做奸臣,故把康梁分外亲。此君曾被康梁误,复把康梁再误人。(三)新疆谪戍感君恩,得庆生还返玉门,□□□□□,夸了卢梭又培根。

第三首记不全。这三首诗,充分反映当时社会一般士大夫的思想情况。这诗传闻到李氏耳中,李从此不再讲学了。

第三次月课,李出题是“朋友相处,常觉自己的不是,方能感化他人的不是说”。注明题语,见王阳明语录。随又自撰联语用木刻悬挂在学堂内,联语如下：

我犹未免为乡人，甫邀恩命释回，莫补前愆，敢谓藐躬堪表率；

师不必贤于弟子，所愿英才崛起，突超前辈，庶几垂老睹文明。

从上述课题及联语，看出李氏在清王朝时代统治下头脑并不同于一般腐朽官僚的顽固。李氏为人自有他的独到之处，思想始终是进步的。

（殷亮轩：《戊戌政变后回贵阳的李端棻》，贵阳市政协文史和学习委员会编：《贵阳文史资料选粹》（中册），第759—760页，贵州人民出版社，2006年）

## 周素园《贵州民党痛史》(节录)

甲辰、乙巳间，国内收回利权之运动，风靡一时。贵州亦发起全省铁路矿务总公司，推李端棻为总理，于德楷为协理。立案招股，防止外力之侵入。当是时，端棻之清望，德楷之干略，黔中殆无第三人足以颉颃。而所主之事业，竭蹶从脞，良不见有何成绩。周培艺言于德楷曰："凡公共事业，类非一手一足之烈。今吾以热诚倡率，而社会冷酷报之；此非社会有不足于我也，患于愚昧而无知"。谓宜将路矿暂搁，转从开通民智入手。(周素园：《周素园文集·贵州民党痛史》，第241页，贵州人民出版社，1994年)

# 《剑桥中国晚清史》（节录）

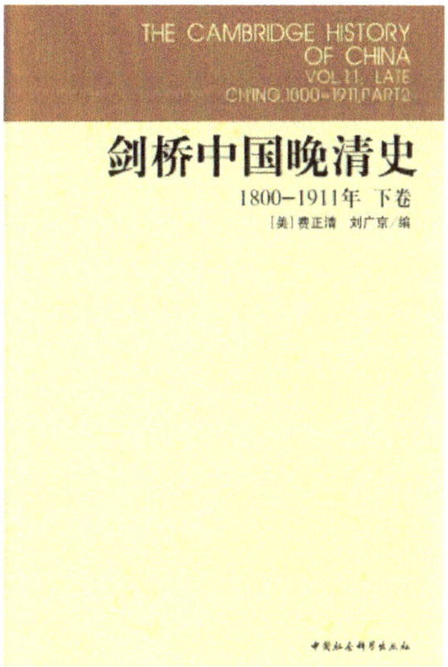


只是在十九世纪九十年代才发生了重大的变化。士大夫开始改组书院和创办新学堂，起初是零星的，在1895年以后数目日渐增加。这种教育改革的倡导者是一些省级官员，如张之洞、盛宣怀、廖寿丰和江标。比起这些地方的努力更为重要的是1896年清朝官员送呈的一批要求普遍建立新学堂的奏折，最突出的是与康梁有密切关系的朝廷命官李端棻的奏折。他提出，通过修改课程来改造传统的书院是开办新学堂的最切实可行的方法。这个建议为朝廷所接受，并作为政府的政策加以颁行。在响应这一政策的过程中，据说全国许多地区的旧式书院已按建议作了改变，对于开办新学堂的工作也作出了重大的努力。这样，在1896到1898年的两年中，教育改革之风席卷全国，最后体现在百日维新期间修改考试制度和建立全国的学校体系的全面努力中。由于西太后的政变，教育改革停止了，但是其对已经进行的改革并不想加以纠正。就这方面而言，1900年以后教育的根本改革和1905年科举制度的废除都是从1895年以后开始的。

[《剑桥中国晚清史》（下），第383页，中国社会科学出版社1985年]

## 张元济述《戊戌政变的回忆》(节录)

被捕的六君子，上谕交刑部严刑审讯，十三日绑缚骡马市大街处以死刑。杨崇伊的儿子也是通艺学堂学生，他跑来告诉我，看他面有喜色，不知是何居心。那时天天抓人，学士徐致靖、尚书李端棻和户部侍郎张荫桓等均下狱。杀了几个人之后就没有再杀了，但外间谣传还要大批杀人。李端棻和张荫桓先后充军新疆，动身时我们都到西郊送别。李端棻走到西安便病了，由地方官奏请暂留西安治病。

[《中国近代史资料丛刊·戊戌变法》(Ⅳ)第327页)]

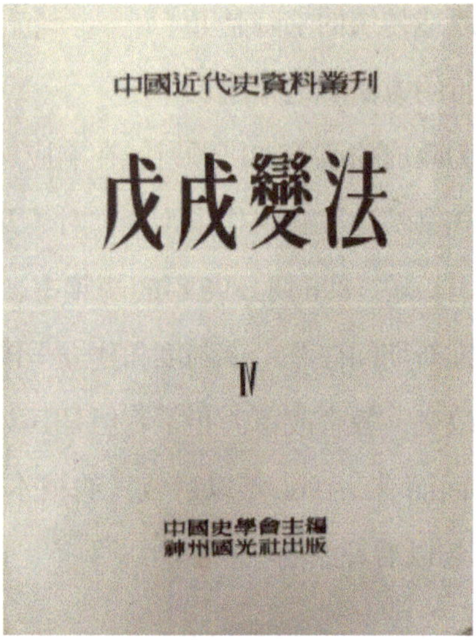

# 李家臻回忆李端棻

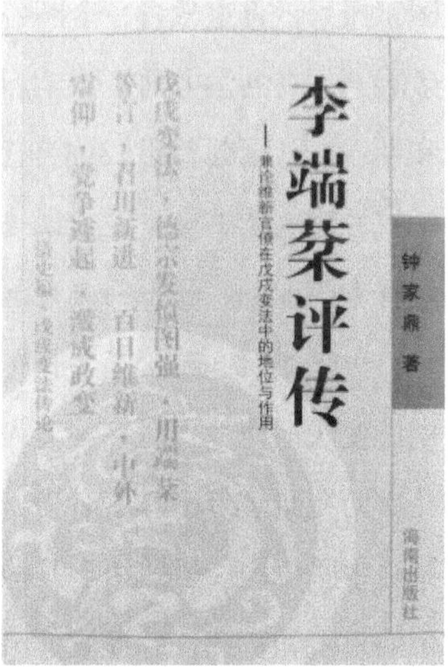


先伯父李启煃于光绪初年在贵州省考取举人后，随即赶赴北京应考。值科考改期，到京举子经吏部奏请皇帝批准，仿科举形式进行拔贡考试。先伯父于考取拔贡后寄居端棻老辈官邸候差，得与苾园公（端棻公号苾园）相处，多蒙苾园公教诲立身处世、为官供职许多名言哲理，也亲聆苾园公刚正为官，家教谨严风范。

端棻老辈字苾园，贵阳人，同治二年进士，学识渊博，秉性刚正。因才华出众，政绩昭著，先后任学政、刑部侍郎等职。虽担任二品以上大臣，持官廉洁，重视民意，尝言为臣者必须忠心爱国，重视国民福利。民权思想极重，强调凡为官者必须使老百姓安居乐业，因为民心向背关系国家存亡。勉励先伯父将来为官处事必须廉洁奉公，切不可贪污渎职，欺压平民，自毁前程。

先伯父在京候差期间不过八九个月，经吏部奏准分发江西省饶州府德兴县任七品县令。官阶虽小却是直接管理一县之长，责任重大。到任以后谨遵苾园公教诲，小心谨慎。不过一年多时间，却发生两件重大事件。一件是奉令督解京饷万两到北京，幸勿过失，曾得到苾园公嘉许，手书小中堂一桢给先伯父作纪念。另一件是当年最后一月发生一件恶性杀人案件。有一恶棍名余翻毛，与邻居为争夺一只公鸡，该恶棍竟杀死九条人命。上级限期破案，先伯父为此耗尽心血，终于缉捕恶棍斩杀凶犯。案虽了结而先伯父却病殁于任所。先伯母马氏搬运灵柩回家。先伯母中年丧夫，心境孤寂，常居娘家。

苾园公手书小中堂就是先伯母亲自带回的，这幅中堂在文化大革命中被抄家失去，无法清回。我回忆所及，其中总共不过三百来字，其内容大约如下：国家振兴，首重教育，全国各省府州县都应举办学校，培养各种优秀人才报效国家。在办学方面主张学习西方教育制度，从小学到中学、大学逐步普及和发展。苾园公曾于1896年上奏折《请推广学校折》，建议首先在北京设立学校，建立藏书楼，设立译书局，普设报馆，派遣留学生出国留学，为国家培育专门人材。此折为振兴国家政治和文化作出了重大贡献。

甲午战后，端棻老人和妹夫梁启超以及梁的老师康有为等有识之士发动戊戌变法运动。当时端棻老人已是花甲之年，不顾环境险恶，多方奔走，曾几次向光绪皇帝密荐康有为、梁启超、谭嗣同等人，要求设立制度局作为改革之中坚机构。虽然由于其他各部旧臣极力反对而未能实现，但得到光绪皇帝的重视和赞扬，并提拔他为礼部尚书。变法失败后，慈禧下令罢黜端棻老人，将他充军新疆，直到1901年才被赦回乡。

从先伯父给我祖父的信中，说明苾园公为官清正，终身并无积蓄富裕。苾园公家原住贵阳长春巷，该房为一胡姓人家当来，期满被胡家赎回。因而，他回乡后是租住他人房屋。苾园公逝世后葬于永乐堡，前些年曾被盗墓，并无什么贵重物品陪葬。

先伯父与苾园公相处时间虽然不长，但亲身体会到苾园公不仅为官清正，而且对家庭弟兄子侄教诲至严，勤俭朴素，坚决反对仗恃家里有人做大臣，就可以欺压平民，为非作歹。

以上这些是我祖父在世时谈及苾园公生平一些情况片断。遗憾的是“文化大革命”中我被批斗抄家，所有先伯父留下的书籍字画特别是苾园公给我伯父的亲笔中堂概被抄失，无法清回。

先伯母马氏系贵阳马良臣先生之妹、马道穆之姐。马家系贵阳有名官宦大族。先伯母中年孀居，常住娘家。道穆先生在时亲自安排她住在后院小公馆内，家臻幼年常往探望。她是一个值得尊敬厚爱的母亲。

（1998年11月李家臻回忆手书。这是保国会成员李启熆的侄儿李家臻回忆其伯父李端棻的文字。转引自钟家鼎《李端棻评传——兼论维新官僚在戊戌变法中的地位与作用》第157—158页）